高校入試実戦シリーズ

実力判定テスト10

社会

偏差値65

JN002440

※解答用紙はプリントアウトしてご利用いただけます。弊社HPの商品詳細ページよりダウンロードしてください。

目次

この問題集の特色と使い方

☆本書の特長

本書は，実際の入試に役立つ実戦力を身につけるための問題集です。いわゆる“難関校”の，近年の入学試験で実際に出題された問題を精査，分類，厳選し，全10回のテスト形式に編集しました。

この問題集は，問題編と解答・解説編からなり，第1回から第10回まで，回を重ねるごとに徐々に難しくなるような構成となっています。出題内容は，特におさえておきたい基本的な事柄や，近年の傾向として慣れておきたい出題形式・内容などに注目し，実戦力の向上につながるものにポイントを絞って選びました。さまざまな種類の問題に取り組むことによって，実際の高校入試の出題傾向に慣れてください。そして，繰り返し問題を解くことによって学力を定着させましょう。

解答・解説は全問に及んでいます。誤答した問題はもちろんのこと，それ以外の問題の解答・解説も確認することで，出題者の意図や入試の傾向を把握することができます。自分の苦手分野や知識が不足している分野を見つけ，それらを克服し，強化していきましょう。

実際の試験のつもりで取り組み，これからの学習の方向性を探るための目安として，あるいは高校入試のための学習の総仕上げとして活用してください。

☆問題集の使い方の例

①指定時間内に，問題を解く

必ず時間を計り，各回に示されている試験時間内で問題を解いてみましょう。

②解答ページを見て，自己採点する

まず1回分を解き終えたら，本書後半の解答ページを見て，自分自身で採点をしましょう。

正解した問題は，問題ページの□欄に✔を入れましょう。自信がなかったものの正解できた問題には△を書き入れるなどして，区別してもよいでしょう。

配点表を見て，合計点を算出し，記入しましょう。

③解説を読む

特に正解できなかった問題は，理解できるまで解説をよく読みましょう。

正解した問題でも，より確実な，あるいは効率的な解答の導き方があるかもしれませんので，解説には目を通しましょう。

うろ覚えだったり知らなかったりした事柄は，ノートにまとめて，しっかり身につけましょう。

④復習する

問題ページの□欄に✔がつかなかった問題を解き直し，全ての□欄に✔が入るまで繰り返しましょう。

第10回まで全て終えたら，後日改めて第1回から全問解き直してみるのもよいでしょう。

☆問題を解くときのアドバイス

◎試験問題を解き始める前に全問をざっと確認し，指定時間内で解くための時間配分を考えることが大切です。一つの問題に長時間とらわれすぎないようにしましょう。

◎かならずしも大問1から順に解く必要はありません。得意な形式や分野の問題から解くなど，自分なりの工夫をしましょう。

◎問題文を丁寧に読みましょう。「あてはまらないものを選びなさい」や「すべて選びなさい」など，重要な部分は線を引いたり○で囲んだりして，確認しましょう。

◎時間が余ったら，必ず見直しをしましょう。

☆各分野問題のアドバイス

●地理分野

①世界や日本の各地域について，略地図や地形図を使った問題は多く出題されます。国や都道府県と都市の関係などの特徴を読み取りましょう。

②グラフや統計などの資料を読み取る問題も多く出題されます。問題に必要な値や傾向を見つけましょう。

③問題を読んでから資料にあたる方がわかりやすい場合もあります。

④記述問題は，問われていることを整理して、簡潔に書きましょう。

●歴史分野

①年表やリード文が示され，ポイントとなる時代や語句に関連する問題が多く出題されます。時代の流れと範囲をつかんで取り組みましょう。

②指定の語句に関連して，リード文の流れとは異なる傾向の問題も出題されます。時代やできごとのつながりを考えて対応しましょう。

③歴史分野の記述問題は，あるできごとの原因や理由，その後の影響などが多く問われます。何が問われているかを理解して解答しましょう。

④世界史の問題は，日本史と関連して出題されることが多いので，できごとの時系列や関連性を読み取って答えましょう。

●公民分野

①人権や日本国憲法，政治に関する問題が多く出題されます。人権の種類や憲法との関連についても考えて対応しましょう。

②家計，税金，流通など経済の問題は，身近な問題に置きかえて考えてみることもヒントになることがあります。

③公民分野では，時事問題の出題も少なくありません。普段から新聞やテレビ，インターネットなどでニュースにふれておくことが大切です。

●総合問題・融合問題

○1大問中に2分野・3分野の問題が出題されることも多くなっています。1つの地域やできごとに関する出題は，互いの関連をまとめて考えてみましょう。

☆過去問題集への取り組み

ひととおり学習が進んだら，志望校の過去問題集に取り組みましょう。国立・私立高校は，学校ごとに問題も出題傾向も異なります。また，公立高校においても，都道府県ごとの問題にそれぞれ特色があります。自分が受ける高校の入試問題を研究し，対策を練ることが重要です。

一方で，これらの学習は，高校入学後の学習の基にもなりますので，入試が終わればいというものではありません。そのことも忘れずに，取り組んでください。

頑張りましょう！

出題の分類

時間	50分
目標点数	80点

[1] 日本の地理
[2] 世界と日本の地理
[3] 歴史－古代
[4] 歴史－原始～現代
[5] 公民－憲法，政治，経済

1回目	／100
2回目	／100
3回目	／100

▶解答・解説はP.126

[1] 右の図を見て，あとの各問いに答えなさい。

□ (1) 日本を七つの地方に区分したとき，次の ア～エの地方のうち，県名と県庁所在地の都市名が異なる県が最も少ないのはどの地方か。ア～エから1つ選び，記号で答えなさい。

ア　東北地方　　　イ　中部地方
ウ　中国・四国地方　　エ　九州地方

□ (2) 図中に■で示した県は，ある野菜の生産量上位5位までの県である(2016年)。あてはまる野菜を，次のア～エから1つ選び，記号で答えなさい。

ア　キャベツ　　イ　きゅうり
ウ　トマト　　エ　なす

□ (3) 次の資料1は，図中のア～エのいずれかの都市の，各月の平均気温と降水量及び年平均気温と年降水量を示したものである。資料1にあてはまる都市を，図中のア～エから1つ選び，記号で答えなさい。

資料1　ある都市の各月の平均気温と降水量及び年平均気温と年降水量

	1月	2月	3月	4月	5月	6月	7月	8月	9月	10月	11月	12月	年
気温(℃)	−0.4	0.2	3.9	10.6	16.0	19.9	23.6	24.7	20.0	13.2	7.4	2.3	11.8
降水量(mm)	35.9	43.5	79.6	75.3	100.0	125.7	138.4	92.1	155.6	101.9	54.9	28.1	1031.0

(「理科年表　平成30年」より作成)

□ (4) 次のページの資料2は，図中の福岡県(ふくおか)の1995年，2005年，2015年の年齢階層別の人口割合と総人口を示したものである。資料2から読み取れる内容として最も適当なものを，あとのア～エから1つ選び，記号で答えなさい。

資料2　年齢階層別の人口割合と総人口

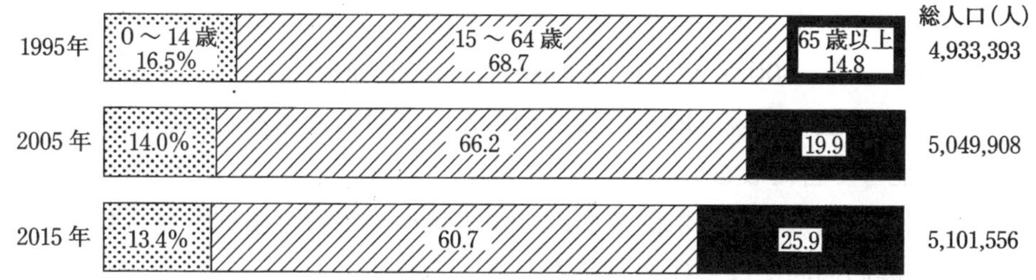

注)四捨五入の関係で，合計が100%にならない場合がある。　（「福岡県の人口と世帯年報 平成28年」より作成）

ア　1995年の0～14歳の人口は，90万人以上である。

イ　2015年の15～64歳の人口は，1995年の15～64歳の人口の約9割になっている。

ウ　2015年の65歳以上の人口は，2005年の65歳以上の人口の約2倍である。

エ　1995年から2005年までの総人口の増加数は，2005年から2015年までの増加数よりも少ない。

(5)　次の地形図は，前のページの図に示した岩手(いわて)県のある地域を示したものである。これを見て，あとの問いに答えなさい。(※編集の都合で95%に縮小してあります。)

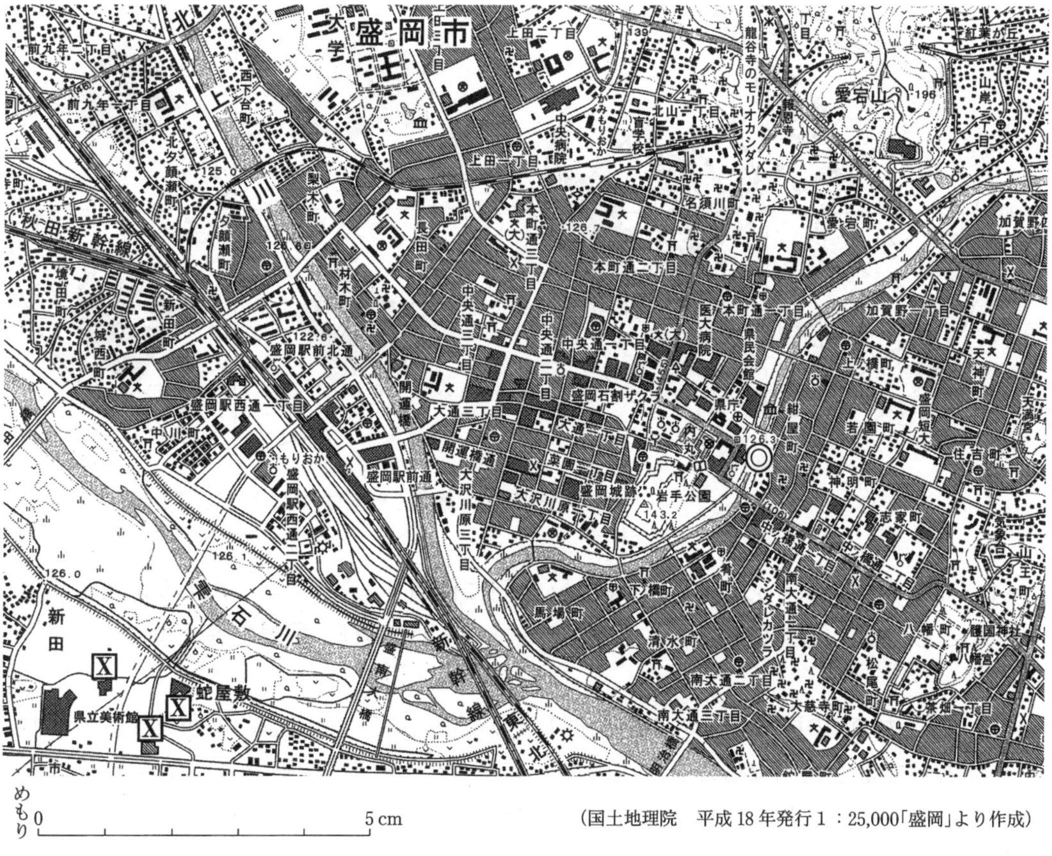

めもり 0　5cm　（国土地理院　平成18年発行1：25,000「盛岡」より作成）

□ ① 地形図中の盛岡（もりおか）市役所と「龍谷寺のモリオカシダレ」との間の実際の距離として最も適当なものを，次のア～エから1つ選び，記号で答えなさい。

ア 250m　イ 500m　ウ 750m　エ 1000m

□ ② 上の地形図を正しく読み取ったことがらとして最も適当なものを，次のア～エから1つ選び，記号で答えなさい。

ア 雫石川の河川敷には，水田や畑のほか広葉樹林や針葉樹林も見られる。

イ 岩手公園の周囲には，建物が密集している。

ウ 地形図中では，最も標高が高い地点でも150m以下である。

エ JR「もりおか」駅の付近には，郵便局と警察署が見られる。

□ ③ 地形図中の，三つのXの下には，博物館・美術館を示す地図記号がかくされている。この地図記号にあてはまるものを，次のア～エから1つ選び，記号で答えなさい。

ア 　イ 　ウ 　エ 

2

次の図1・図2を見て，あとの各問いに答えなさい。

図1

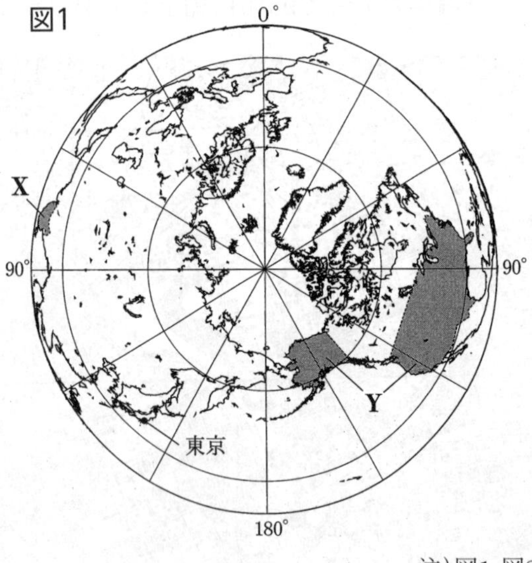

図2

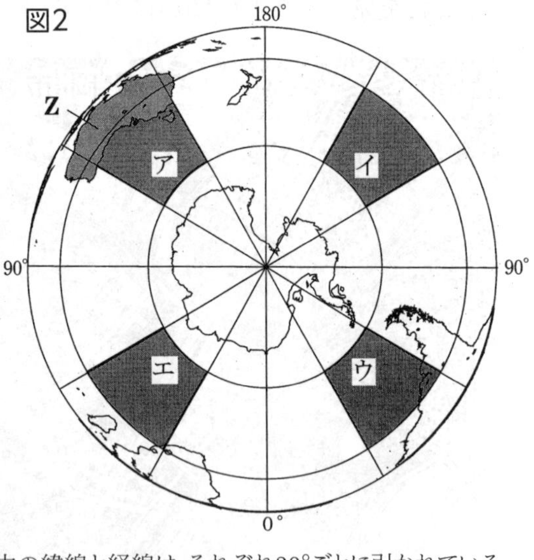

注）図1・図2中の緯線と経線は，それぞれ30°ごとに引かれている。

□ (1) 図1中の東京から見て，地球の反対側に位置する地点が含まれる範囲を示したものとして最も適当なものを，図2のア～エから1つ選び，記号で答えなさい。

□ (2) 図1中のXの国の多くの人が信仰している宗教で，食することが禁止されている動物として最も適当なものを，次のア～エから1つ選び，記号で答えなさい。

ア 馬　イ 牛　ウ 豚　エ 羊

□ (3) 次の文章は，図1中のYの国について述べたものである。文章中の［Ⅰ］，［Ⅱ］にあてはまる語の組み合わせとして最も適当なものを，あとのア～エから1つ選び，記号で答えなさい。

> Yの国には，農業に適した広大な土地があるが，地域によって自然条件が異なるため，それぞれの環境に適した農産物が生産されている。西経100度よりも西側は，比較的降水量が少ないので，［Ⅰ］や灌漑（かんがい）施設を使った農業が行われている。Yの国の南東部は，温暖で降水量が多いので，Yの国が輸出量世界一をほこる［Ⅱ］の生産がさかんに行われている。

ア　Ⅰ：酪農　Ⅱ：米　　イ　Ⅰ：酪農　Ⅱ：綿花
ウ　Ⅰ：放牧　Ⅱ：米　　エ　Ⅰ：放牧　Ⅱ：綿花

□ (4) 前ページの図1，図2の両方に示されている大陸の組み合わせとして最も適当なものを，次のア～カから1つ選び，記号で答えなさい。

ア　アフリカ大陸，北アメリカ大陸　　イ　ユーラシア大陸，アフリカ大陸
ウ　南アメリカ大陸，ユーラシア大陸　　エ　北アメリカ大陸，南アメリカ大陸
オ　アフリカ大陸，南アメリカ大陸　　カ　北アメリカ大陸，ユーラシア大陸

□ (5) 次の資料1，資料2は，前ページの図2中のZの国の貿易に関するものである。資料1，資料2中のA～Eは，それぞれ同じ品目を示している。A，Bにあてはまる品目の組み合わせとして最も適当なものを，あとのア～エから1つ選び，記号で答えなさい。

資料1　Zの国の輸出総額に占める主な輸出品の割合(2016年)

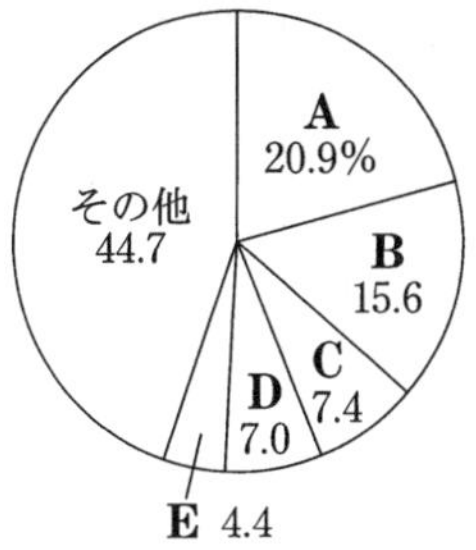

資料2　Zの国の日本への輸出総額に占める主な輸出品の割合(2017年)

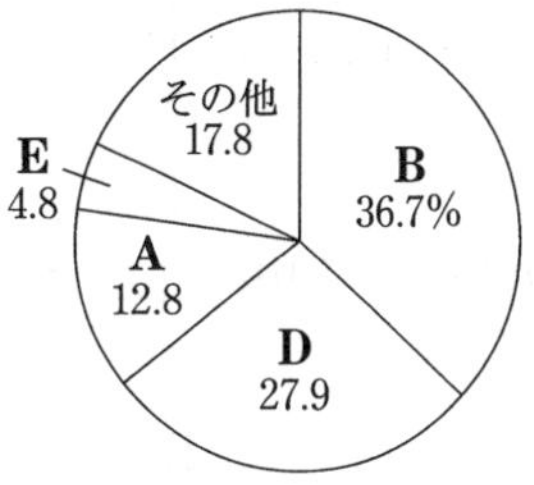

(資料1・資料2は「日本国勢図会2018/19」より作成)

ア　A：肉類　B：石炭　　イ　A：鉄鉱石　B：石炭
ウ　A：肉類　B：機械類　　エ　A：鉄鉱石　B：機械類

□ (6) 次の資料3は，図1，図2中のX～Zの国の農林水産業，鉱工業，建設業の産業活動別国内総生産と産業別就業者数を示したものである。この資料から読み取れることとして最も適当なものを，あとのア～エから1つ選び，記号で答えなさい。

資料3　X～Zの国の農林水産業，鉱工業，建設業の活動別国内生産と産業別就業者数

国	産業活動別国内総生産(百万ドル)			産業別就業者数(千人)		
	農林水産業	鉱工業	建設業	農林水産業	鉱工業	建設業
X	326,269	410,461	158,477	180,132	50,042	41,170
Y	175,200	2,827,500	732,100	2,460	17,519	10,328
Z	28,311	205,920	98,621	314	1,261	1,060

(「世界国勢図会2017/18」より作成)

ア　Xの国は，農林水産業の国内総生産，就業者数ともに他の二つの産業に比べて多い。

イ　Yの国は，三つの産業の中で鉱工業就業者数が最も多く，農林水産業就業者の10倍以上である。

ウ　Zの国は，農林水産業と建設業の国内総生産を合計すると，鉱工業の国内総生産よりも多い。

エ　X～Zの国の建設業について，就業者一人あたりの国内総生産が最も多いのはZの国である。

3　次の略年表を見て，あとの各問いに答えなさい。

西暦	で　き　ご　と
607	小野妹子を隋に送る……………………………A
645	大化の改新がはじまる…………………………B
	↑ C ↓
672	壬申の乱がおこる………………………………D
	↑ E ↓
741	国分寺建立の詔が出される……………………F

□ (1) 年表中のAについて，このできごとに関わった聖徳太子がついた，天皇の代理として政治をおこなう役職はどれか。次のア～エから1つ選び，記号で答えなさい。

ア 摂政　イ 太政大臣　ウ 関白　エ 執権

□ (2) 年表中のBについて，この時期におこったできごととして**あてはまらないもの**を，次のア～エから1つ選び，記号で答えなさい。

ア 中大兄皇子や中臣鎌足らを中心に，政治改革が進められた。
イ 改革の動きのなかで，都は飛鳥から難波に移された。
ウ 土地と人々を国家が直接支配する公地・公民の方針が示された。
エ 唐を滅ぼした隋は，律令などの法律を整え，大帝国を築いた。

□ (3) 年表中のCについて，この時期におこったできごととして正しいものを，次のア～エから1つ選び，記号で答えなさい。

ア 大宝律令が制定された。　イ 白村江の戦いに敗れた。
ウ 東大寺の大仏が完成した。　エ 古今和歌集がつくられた。

□ (4) 年表中のDについて，このとき対立した人物の組み合わせとして正しいものはどれか。ア～エから1つ選び，記号で答えなさい。

a 大友皇子　b 蘇我入鹿　c 大海人皇子　d 蘇我蝦夷
ア aとc　イ bとd　ウ aとb　エ cとd

□ (5) 年表中のEについて，この時期に置かれた機関とその仕事内容の組み合わせとして正しいものを，次のア～エから1つ選び，記号で答えなさい。

ア 多賀城－九州地方の政治・軍事
イ 財務省－国家の財政
ウ 宮内省－宮中の一般事務
エ 大宰府－東北地方の政治・外交・防衛

□ (6) 年表中のFについて，この時期の天皇は誰か。次のア～エから選び，記号で答えなさい。

ア 桓武天皇　イ 神武天皇　ウ 聖武天皇　エ 文武天皇

4 次の文を読み，あとの各問いに答えなさい。

A　紀元前3000年ごろ，エジプトでは〈　a　〉のほとりに文明が発展し，〈　b　〉が作られた。

B　①稲作は，紀元前4世紀ごろ大陸から②九州北部に伝えられ，東日本にまで広がった。

C　1612年，江戸幕府は幕領に禁教令を出し，③キリスト教の迫害をはじめた。

D　江戸時代の幕藩体制の国家から近代国家へと移る際の，政治，経済，社会の変革を④明治維新という。

E　1950年代半ばごろから日本経済は成長をとげる一方，公害問題が深刻化し，三重県の〈　c　〉や熊本県の〈　d　〉などをめぐる四大公害裁判がおこった。

□ (1)　〈a〉と〈b〉にあてはまる語句の組み合わせとして正しいものを，次のア～エから1つ選び，記号で答えなさい。

ア　a－チグリス川　b－象形文字　　イ　a－ナイル川　b－象形文字

ウ　a－チグリス川　b－楔形文字　　エ　a－ナイル川　b－楔形文字

□ (2)　下線部①について，稲などの穀物を収穫する際に用いられたとされる道具の名称として正しいものを，次のア～エから1つ選び，記号で答えなさい。

ア　土偶　　イ　高坏　　ウ　埴輪　　エ　石包丁

□ (3)　下線部②について，この地域にある弥生時代の遺跡とその所在地の組み合わせとして正しいものを，次のア～エから1つ選び，記号で答えなさい。

ア　三内丸山遺跡－福岡県　　イ　岩宿遺跡－長崎県

ウ　吉野ヶ里遺跡－佐賀県　　エ　登呂遺跡－大分県

□ (4)　下線部③について述べた文として**あてはまらないもの**を，次のア～エから1つ選び，記号で答えなさい。

ア　イエスの教えは弟子たちによって「コーラン」にまとめられた。

イ　イスラム勢力が力をのばすと，ローマ教皇の呼びかけに応じて十字軍が組織された。

ウ　1549年，イエズス会のフランシスコ・ザビエルによって日本にキリスト教が伝えられた。

エ　1637年，迫害や年貢の取り立てに苦しむ島原・天草の人々は一揆をおこした。

□ (5)　下線部④について述べた文として**あてはまらないもの**を，次のア～エから1つ選び，記号で答えなさい。

ア　1871年に廃藩置県が実施され，県令や府知事が中央から派遣されることになった。

イ　1872年に学制が公布され，10歳以上のすべての男女が教育を受けることが定められた。

ウ　1873年に地租改正が実施され，地価の3％を税として現金で納めさせた。

エ　1873年に徴兵令が出され，満20歳の男子は兵役の義務を負うことになった。

□　(6)　〈c〉と〈d〉にあてはまる語句の組み合わせとして正しいものを，次のア～エから1つ選び，記号で答えなさい。

ア　c－四日市ぜんそく　　d－水俣病

イ　c－四日市ぜんそく　　d－スモン病

ウ　c－イタイイタイ病　　d－水俣病

エ　c－イタイイタイ病　　d－スモン病

5　次の各問いに答えなさい。

□　(1)　人権思想について述べた文のうち，正しいものを，次のア～エから1つ選び，記号で答えなさい。

ア　ドイツでは，独立宣言で「生命，自由および幸福追求」の権利が，人が生まれながらにもつ権利であると明記している。

イ　イギリスのワイマール憲法は，「人は生まれながらに，自由で平等である」と宣言し，また国民主権の原理を明らかにした。

ウ　大日本帝国憲法では，国民の権利は天皇があたえる「臣民の権利」であり，法律の範囲内で保障された。

エ　イタリアでは，ベルサイユ条約ですべての人が人間らしく生活できるように保障することを明記している。

□　(2)　日本国憲法に定める自由権の中で，「精神の自由」にあてはまるものを，次のア～エから1つ選び，記号で答えなさい。

ア　刑事手続きの保障　　イ　学問の自由

ウ　居住・移転の自由　　エ　奴隷的拘束・苦役からの自由

□　(3)　日本国憲法に定める，国民の三大義務に**あてはまらないもの**を，次のア～エから1つ選び，記号で答えなさい。

ア　納税の義務　　イ　子どもに普通教育を受けさせる義務

ウ　投票の義務　　エ　勤労の義務

□ (4) 「天皇」について述べた文のうち，**誤っているもの**を，次のア～エから1つ選び，記号で答えなさい。

ア　天皇は，日本国と日本国民統合の象徴であり，この地位は国民の総意に基づく。

イ　天皇は，国政に関する権能をもたず，国事行為のみを行う。

ウ　天皇の国事行為は，内閣の助言と承認により行う。

エ　天皇の国事行為は形式的り義礼的なものであり，国会がその責任を負う。

□ (5) 国会の仕事について，**誤っているもの**を，次のア～エから1つ選び，記号で答えなさい。

ア　外国と交渉し，条約を結ぶ。

イ　予算を審議して，議決する。

ウ　国政調査権を持ち，国政全般について調査する。

エ　法律を制定する。

□ (6) 内閣について，正しいものを，次のア～エから1つ選び，記号で答えなさい。

ア　内閣総理大臣は，国会議員のなかから選ばれ，国会によって任命される。

イ　内閣総理大臣は国務大臣を指名するが，その過半数は国会議員でなければならない。

ウ　内閣は，閣議を開いて政府の方針を決定する。閣議の議決は，多数決によることとされている。

エ　内閣は，内閣不信任の決議が可決された場合に限らず，国民の意思を問う必要がある場合に，衆議院を解散することができる。

□ (7) 裁判について，**誤っているもの**を，次のア～エから1つ選び，記号で答えなさい。

ア　裁判が公正に行われるように，裁判所は国会や内閣，その他どのような権力からも圧力や干渉を受けない。

イ　裁判官は，憲法と法律にのみ拘束され，良心に従って裁判を行う。

ウ　裁判は，人権が守られるように原則として非公開で行われる。

エ　憲法は，裁判官の身分を保障し，国会議員による弾劾裁判など，憲法が定める特別な理由がないかぎり裁判官がやめさせられることはない。

□ (8) 地方公共団体の仕事について，**誤っているもの**を，次のア～エから1つ選び，記号で答えなさい。

ア　国道や河川の整備　　　イ　国民健康保険や介護保険の運営

ウ　公立の小・中学校の設置　　　エ　上下水道の整備やごみの収集と処理

□ (9) 家計について，正しいものを，次のア～エから1つ選び，記号で答えなさい。

ア 日本の家計の所得のうちで，いちばん大きな割合を占めているのは，企業で働いて得られる給料などの財産所得である。

イ 利子や配当，地代や家賃などは給与所得という。

ウ 農業を営んだり，商店や工場を自営している人々は，事業所得を得る。

エ 消費支出には，食料費，税金，銀行預金などがある。

□ (10) 景気変動について述べた文のうち，正しいものを，次のア～エから1つ選び，記号で答えなさい。

ア 好景気のときは，消費も生産も増えて，物価が下がる。

イ 不景気のときは，倒産や失業が起こり，物価が下がる。

ウ 不景気のときは，消費も生産も増えて，物価が上がる。

エ 好景気のときは，賃金や雇用が減り，物価が下がる。

□ (11) 株式会社について述べた文のうち，正しいものを，次のア～エから1つ選び，記号で答えなさい。

ア 株式会社は，必要とする資金を多数の株式に分けて，多くの出資者(株主)をつのる。

イ 会社が倒産したら，株主は出資額以上の会社の損害を負わなければならない。

ウ 株主は株主総会を構成して，1人1票の議決権を持つ。

エ 株主総会では，出席した株主のみ持ち株数に応じて会社の利益の分配(配当)を受ける。

□ (12) 下の文は，景気の調整について述べたものです。A～Cの(　)にあてはまる語句の組み合わせとして，正しいものを，次のア～カから1つ選び，記号で答えなさい。

安定した経済成長を実現するために，政府は(A)政策とよばれる手段をとります。たとえば(B)時に政府は，たとえ財政赤字を出してでも公共事業をさかんにしたり，減税を行ったりします。反対に(C)の危険があるときには，政府は，公共事業をひかえたり増税したりして，景気の過熱をおさえようとします。

ア A－財政　B－好況　C－インフレ

イ A－金融　B－不況　C－インフレ

ウ A－金融　B－好況　C－デフレ

エ A－財政　B－不況　C－インフレ

オ A－財政　B－好況　C－デフレ

カ A－金融　B－不況　C－デフレ

出題の分類		時間：50分 目標点数：80点
1 地理－日本の地理	4 日本の歴史－古代～近現代	1回目 ／100
2 地理－世界の地理	5 公民－政治のしくみ	2回目 ／100
3 世界の歴史－古代，近代	6 公民－人権，政治，経済	3回目 ／100

▶解答・解説はP.129

1 次の図を見て，あとの各問いに答えなさい。

□ (1) 次の文は，図中の■の四つの県のうちのいずれかの県について述べたものである。この文で説明した県にあてはまるものとして最も適当なものを，あとのア～エから1つ選びなさい。

> この県は，近畿地方に属しているが，この県の一部の都市は，近畿地方以外の地方に属する隣接した県にある都市とともに，工業地帯を形成している。

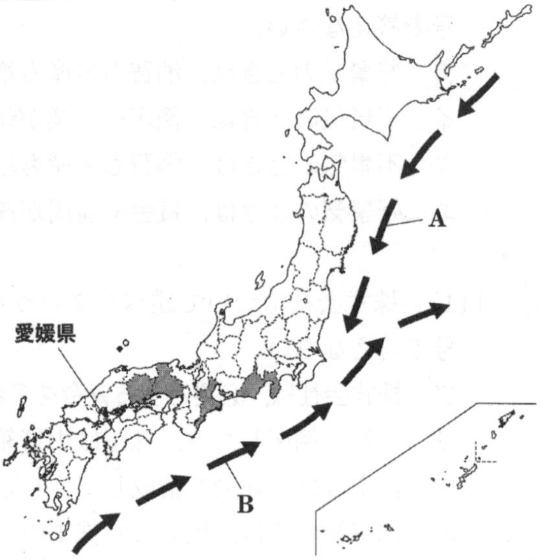

ア 静岡県　　イ 兵庫県
ウ 岡山県　　エ 三重県

□ (2) 図中のA，Bは，日本付近を流れる海流を示したものである。A，Bの海流名の組み合わせとして適当なものを，次のア～エから1つ選びなさい。

ア A：千島海流(親潮)　　B：日本海流(黒潮)
イ A：日本海流(黒潮)　　B：千島海流(親潮)
ウ A：対馬海流　　B：リマン海流
エ A：リマン海流　　B：対馬海流

□ (3) 次の資料は，かずきさんが伝統的工芸品の都道府県別指定品目数を調べてまとめたものの一部である。資料中の［ Ⅰ ］にあてはまる伝統的工芸品の名称として最も適当なものを，あとのア～エから1つ選びなさい。また，資料と表中の［ Ⅱ ］に共通してあてはまる都道府県名として最も適当なものを，あとのカ～ケから1つ選びなさい。

資料　東京都や京(きょうと)都府で指定品目数が多いのは，古くから文化の中心として栄えてきたからだと思います。京都府の伝統的工芸品では，清水焼(きよみず)や［ Ⅰ ］などが特に有名です。また，表中の［ Ⅱ ］は，水田単作地帯が広がっていることで有名で，農業に適さない冬に屋内でできる産業として，手工業が発展したのではないかと考えられます。

表　伝統工芸品の指定品目数

順位	都道府県名	品目数
1	東京都	17
1	京都府	17
3	［ Ⅱ ］	16
4	沖縄県(おきなわ)	15
5	愛知県(あいち)	14

（2017年「経済産業省資料」より作成）

Ⅰの選択肢：ア　南部鉄器(なんぶてっき)　イ　会津塗(あいづぬり)　ウ　九谷焼(くたにやき)　エ　西陣織(にしじんおり)
Ⅱの選択肢：カ　北海道(ほっかいどう)　キ　福島県(ふくしま)　ク　新潟県(にいがた)　ケ　福岡県(ふくおか)

(4)　次の地形図は，前のページの図中の愛媛県のある地域を示したものである。これを見て，あとの問いに答えなさい。(※編集の都合で95％に縮小してあります。)

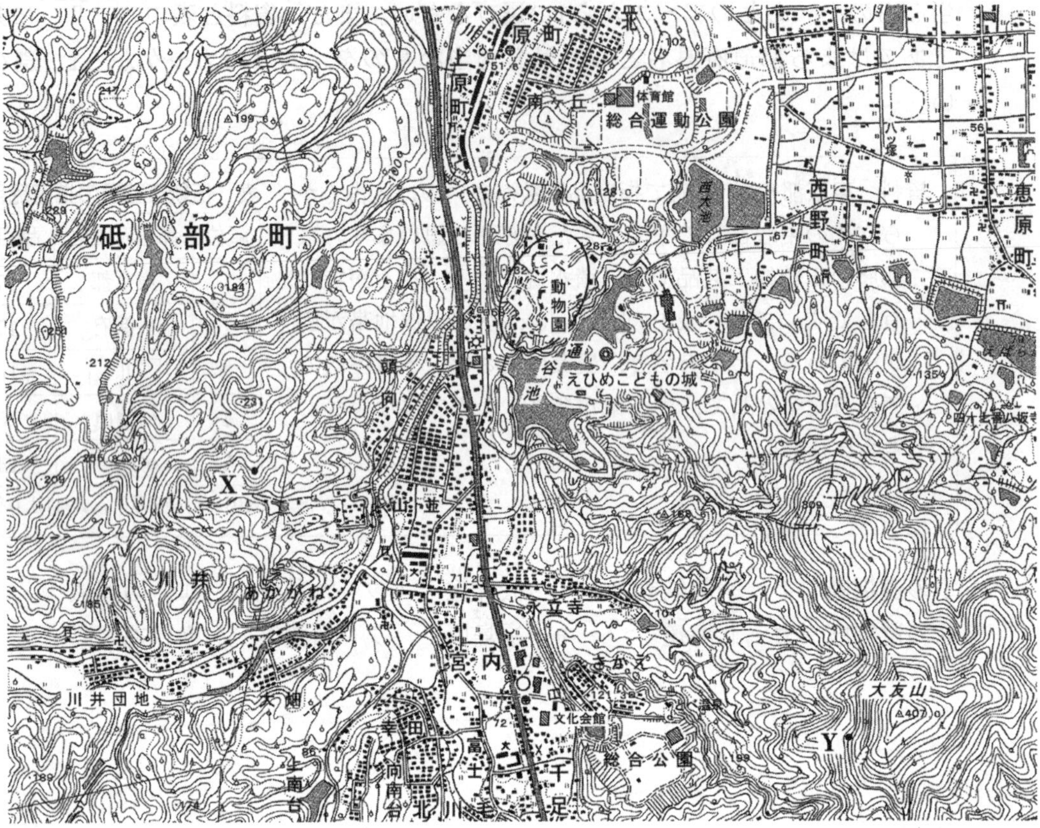

(国土地理院　平成17年発行　1：25,000「松山南部」より作成)

めもり 0　5cm

□　①　地形図中のX，Yの地点の標高の差は，およそ何mか。最も適当なものを，次のア～エから1つ選びなさい。

ア　50m　　イ　100m　　ウ　150m　　エ　200m

□　②　地形図中の「大友山」の山頂から見て，「えひめこどもの城」は，どの方位に位置しているか。最も適当なものを，次のア～エから1つ選びなさい。

ア　北東　　イ　北西　　ウ　南東　　エ　南西

□　③　上の地形図を正しく読み取ったことがらとして最も適当なものを，次のア～エから1つ選びなさい。

ア　「文化会館」の周辺には，郵便局や市役所，図書館がある。

イ　「大友山」の斜面は，主に針葉樹林と広葉樹林におおわれている。

ウ 「とべ動物園」から「文化会館」まで，直線距離で2km以上ある。
エ 「川井団地」の周辺には，田として利用されているところが多く，神社，寺院も見られる。

2 次の図を見て，あとの各問いに答えなさい。

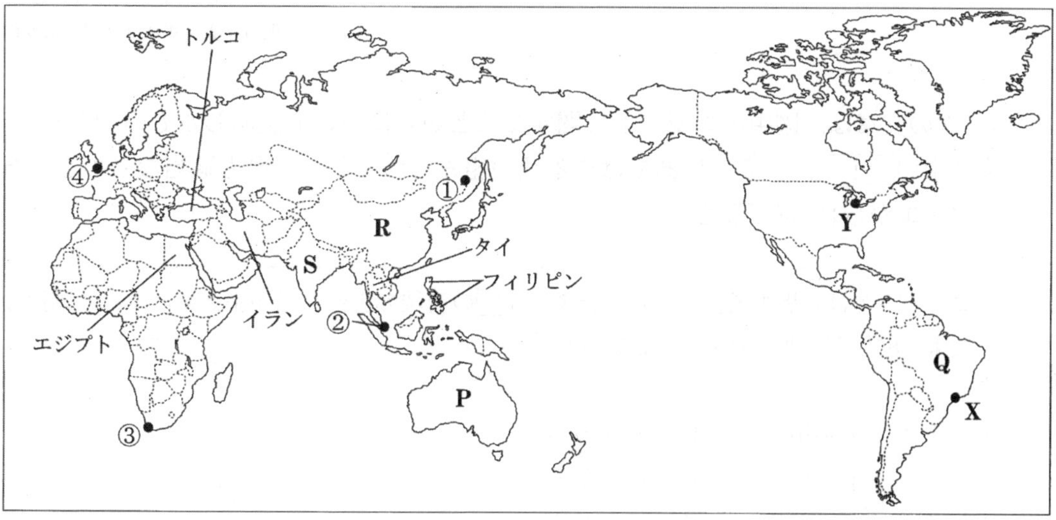

□ (1) 東京が2月17日午前9時のとき，図中のXの都市は，何月何日の何時か。最も適当なものを，次のア～エから1つ選びなさい。
ただし，Xの都市は，西経45度の経線を標準時子午線としている。また，サマータイムは，考えないものとする。
ア 2月16日午後9時
イ 2月17日午前3時
ウ 2月17日午後3時
エ 2月17日午後9時

□ (2) 右のグラフは，図中の①～④のいずれかの都市における月平均気温と月降水量の変化の様子を示したものである。この都市にあてはまる最も適当なものを，図中の①～④から1つ選びなさい。

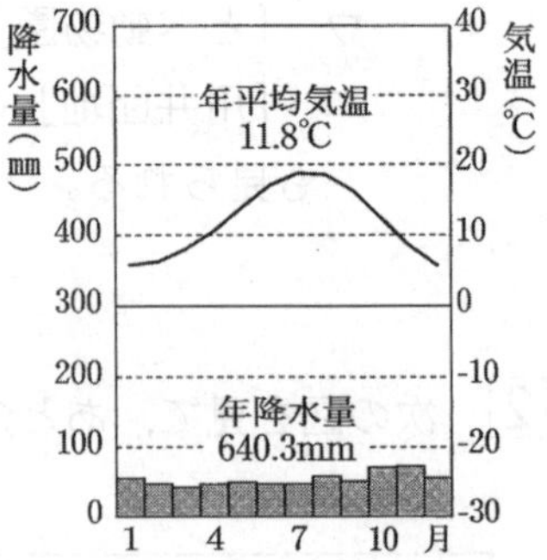

（「理科年表　平成30年版」より作成）

□ (3) 次の文章は，図中のエジプトに関することがらについて説明したものである。文章中の［Ⅰ］，［Ⅱ］にあてはまる語の組み合わせとして最も適当なものを，あとのア～エから1つ選びなさい。

> エジプトでは，世界最長の河川である［Ⅰ］の流域で古代文明が栄えた。また，国民のおよそ85%が［Ⅱ］教を信仰している。

ア　Ⅰ：ナイル川　　　Ⅱ：イスラム
イ　Ⅰ：ナイル川　　　Ⅱ：ヒンドゥー
ウ　Ⅰ：アマゾン川　　Ⅱ：イスラム
エ　Ⅰ：アマゾン川　　Ⅱ：ヒンドゥー

□ (4) 図中のＹの都市は，20世紀前半から自動車工業の中心都市として発達した都市である。この都市名として最も適当なものを，次のア～エから1つ選びなさい。
ア　ニューヨーク　　イ　デトロイト　　ウ　ロサンゼルス　　エ　ピッツバーグ

□ (5) 右のグラフは，ある鉱産資源の2014年における国別産出量の割合を示したもので，グラフ中のP～Sは，前のページの図中のP～Sの国である。これにあてはまる鉱産資源として最も適当なものを，次のア～エから1つ選びなさい。
ア　原油　　　イ　石炭
ウ　鉄鉱石　　エ　天然ガス

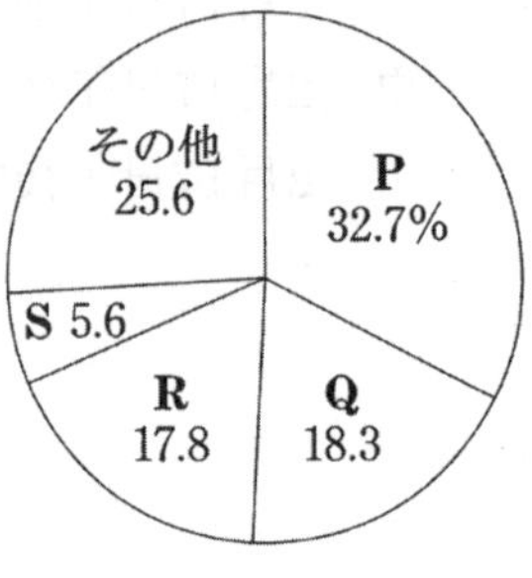

（「世界国勢図会 2017/18年版」より作成）

□ (6) ゆうかさんは，前のページの図中のフィリピン，タイ，イラン，トルコについて調べ，資料1，2にまとめた。下のA～Dのうち，これらの資料から読み取れることについて正しく述べている文は，いくつあるか。最も適当なものを，あとのア～エから1つ選びなさい。

資料1　4か国の土地面積と農地の割合

	土地面積（万ha）	土地面積に占める農地の割合(％)	
		耕地	牧場・牧草地
フィリピン	2,982	36.7	5.0
タイ	5,109	41.7	1.6
イラン	16,288	10.1	18.1
トルコ	7,696	31.1	19.0

（「データ ブック・オブ・ザ・ワールド2018年版」より作成）

資料2　4か国の就業人口と産業別人口構成

	就業人口(万人)	第1次産業(％)	第2次産業(％)	第3次産業(％)
フィリピン	4,065	26.7	17.5	55.8
タイ	3,802	32.3	23.7	43.8
イラン	2,197	18.0	32.5	49.4
トルコ	2,722	19.5	26.8	53.7

（「データ ブック・オブ・ザ・ワールド2018年版」より作成）

A　4か国のうち，耕地の面積が最も小さい国は，イランである。
B　牧場・牧草地の面積は，フィリピンよりタイの方が小さい。
C　第3次産業に従事する人口は，タイよりもトルコの方が多い。
D　4か国のうち，農業を含む産業に従事する人口の割合が最も高い国は，イランである。

ア　一つ　　イ　二つ　　ウ　三つ　　エ　四つ

3　世界の歴史について，各問いに答えなさい。

□ (1) 右の写真はヨーロッパで建設され，現在世界遺産となっているものである。この建築物が作られた国もしくは地域に関して述べた文として正しいものを，次のページのア～エから1つ選びなさい。

ア　紀元前8世紀頃から，ポリスと呼ばれる都市国家が地中海各地に建設された。

イ　アクロポリスと呼ばれる小高い丘には神殿があり，その代表的な建築物はパルテノン神殿である。

ウ　パレスチナにイエスが現れ，ユダヤ教の指導者を批判し，神を信じるものは誰でも救われると説いた。

エ　陸上競技や格闘技などを競い合う古代オリンピックが初めて開かれた。

□　(2)　古代の東アジア・南アジアに広がった文明に関して述べた文として**誤っているもの**を，次のア～エから1つ選びなさい。

ア　紀元前3世紀に，中国を統一した秦の始皇帝は，これまでの「王」をはるかにこえる力を示すために「皇帝」の呼び名を使い始めた。

イ　中国では，紀元前4世紀頃から，かたくてじょうぶな青銅製の農具が使われるようになり，耕地が広がった。

ウ　インドでは，紀元前6世紀頃，シャカが身分制度を批判し，仏教を説いた。

エ　のちに「シルクロード」と呼ばれる西方との交通路が整備され，さまざまな人物が行き来し，文化や思想の交流がさかんになった。

□　(3)　第一次世界大戦に関して述べた文として正しいものを，次のア～エから1つ選びなさい。

ア　イタリアは三国同盟の一員であり，開戦当初から同盟国側で参戦した。

イ　開戦のきっかけは，オーストリア皇太子夫妻が，サラエボでスラヴ系のロシア人に暗殺されたことである。

ウ　この戦争では，新兵器として戦車や飛行機，毒ガス，核爆弾などが使用された。

エ　日本は日英同盟によって連合国側で参戦し，アメリカも連合国側に加わった。

□　(4)　第一次世界大戦後の世界に関して述べた文として**誤っているもの**を，次のア～エから1つ選びなさい。

ア　アメリカのウィルソン大統領の提案をもとにして国際連盟が発足し，本部がニューヨークに置かれた。

イ　1921年から翌年にかけてワシントン会議が開かれ，太平洋地域の現状維持と，中国の独立と領土保全が確認された。

ウ　ドイツでは，労働者の基本的権利の保護，社会福祉制度の導入などが定められたワイマール憲法が制定された。

エ　インドでは，ガンディーらにより「塩の行進」と呼ばれるイギリスへの抗議行動が行われ，インド各地に非暴力・不服従が広まるきっかけとなった。

4 日本の歴史について，各問いに答えなさい。

□ (1) 縄文時代に作られた土偶の写真として正しいものを，次のア～エから1つ選びなさい。

ア

イ

ウ

エ

□ (2) 中国の歴史書から読み取れる倭国(日本)の様子について述べた文として**誤っているもの**を，次のア～エから1つ選びなさい。

ア 『漢書』には，倭国は100ほどの国に分かれていたと記されている。

イ 『後漢書』には，倭のある国の王が中国に使いを送り，皇帝から金印を授かったと記されている。

ウ 『魏志』倭人伝には，邪馬台国の女王卑弥呼が，「漢委奴国王」の称号と金印を授かったと記されている。

エ 『魏志』倭人伝には，邪馬台国には身分の差が存在したと記されている。

□ (3) 古墳時代には渡来人が来日し，様々な技術をもたらした。須恵器の写真として正しいものを，次のア～エから1つ選びなさい。

ア

イ

ウ

エ

□ (4) 次の法令を定めた人物として正しいものを，あとのア～エから1つ選びなさい。

諸国の守護の職務は，頼朝公の時代に定められたように，京都の御所の警備と，謀反や殺人などの犯罪人の取り締まりに限る。

ア　北条時政　　イ　北条義時　　ウ　北条泰時　　エ　北条時宗

□ (5) 次の図は室町幕府の仕組みを表したものである。図中の空欄A～Cにあてはまる語句の組み合わせとして正しいものを，あとのア～カから1つ選びなさい。

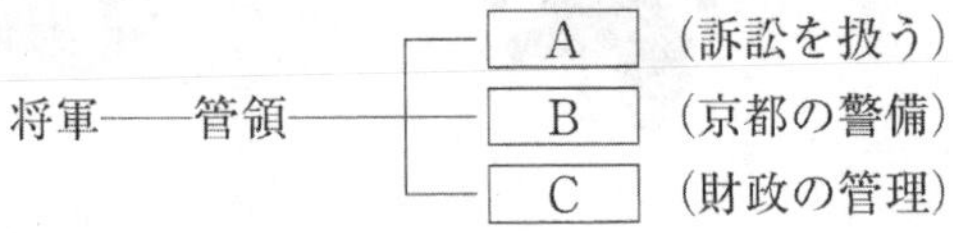

ア　A：侍所　　B：政所　　C：問注所
イ　A：侍所　　B：問注所　　C：政所
ウ　A：政所　　B：問注所　　C：侍所
エ　A：政所　　B：侍所　　C：問注所
オ　A：問注所　　B：政所　　C：侍所
カ　A：問注所　　B：侍所　　C：政所

□ (6) 19世紀の西日本の諸藩の改革について述べた文として正しいものを，次のア～エから1つ選びなさい。

ア　薩摩藩では，下関での海運を盛んにし，他藩に対する金融業を行い，経済力を蓄えた。

イ　長州藩では，琉球を使った密貿易や，黒砂糖の専売制などで藩の財政を立て直した。

ウ　岡山藩では2か条の倹約令を出したが，えた身分にだけ出された命令をめぐって，渋染一揆が起こった。

エ　肥前藩では，紙や蝋を専売制にして，財政の立て直しを図った。

□ (7) 1858年に締結された日米修好通商条約によって，開港されることが決まった港として**誤っているもの**を，次のア～カから1つ選びなさい。

ア　神奈川　　イ　長崎　　ウ　新潟　　エ　兵庫　　オ　浦賀　　カ　箱館

□ (8) 1905年に日本が韓国を保護国とした際，韓国統監として韓国へ派遣された人物として正しいものを，次のア～エから1つ選びなさい。

ア　寺内正毅　　イ　伊藤博文　　ウ　陸奥宗光　　エ　小村寿太郎

□ (9) 日露戦争後の中国の様子や，日本との関係について述べた文として正しいものを，次のア～エから1つ選びなさい。

ア　満州では，日本がポーツマス条約で得た鉄道の利権をもとに，南満州鉄道株式会社が設立された。

イ　武昌で反乱が起こり，袁世凱が臨時大総統として，中華民国の成立を宣言した。

ウ　満州のハルビン駅で，伊藤博文が孫文によって暗殺された。

エ　日本が満州に進出した結果，同じく満州への進出をもくろむイギリスと対立した。

□ (10) 次のAからCの文を古いものから年代順に並べたものとして正しいものを，あとのア～カから1つ選びなさい。

A　北京郊外の盧溝橋で，日中両軍の武力衝突が起こった。

B　奉天郊外の柳条湖で，関東軍が南満州鉄道を爆破した。

C　中国国民政府の首都が，重慶に移された。

ア　A－B－C　　イ　A－C－B　　ウ　B－A－C

エ　B－C－A　　オ　C－A－B　　カ　C－B－A

□ (11) 1972年に日中共同声明が発表されたときの，日本の内閣総理大臣として正しいものを，次のア～エから1つ選びなさい。

ア　岸信介　　イ　鳩山一郎　　ウ　田中角栄　　エ　佐藤栄作

5 次の文章を読んで，あとの各問いに答えなさい。

国家権力の集中は，運用の在り方により，①国民の権利や自由を侵害する危険性が高まる。それを防ぐために日本国憲法の統治機構における基本的な原理として，国民主権と三権分立が取り入れられている。

日本国憲法では，②国会を国権の最高機関，唯一の立法機関として定めている。そのうえで，三権分立の考え方に基づき他の③行政権（内閣），④司法権（裁判所）によって抑制と均衡が保たれている。

国権の最高機関とされる国会は，⑤衆議院と参議院によって構成されている。日本国憲法第43条1項において，衆議院および参議院の「両議院は，全国民を代表する⑥選挙された議員でこれを組織する。」と定めている。国民主権の考え方に基づき，選挙権を有する全国民によって⑦衆議院議員選挙・参議院議員選挙が行われ，国民によって選出された議員からなる⑧衆参両議院で国会が構成されることになる。

□ (1) 下線部①に関連して，公共の福祉による人権の制限に**あたらないもの**を次のア～エから1つ選び，記号で答えなさい。

ア　医師になるには資格を取得しなければならないこと。
イ　大企業による市場の独占を禁止すること。
ウ　選挙権において年齢制限をすること。
エ　デモ行進をするには許可が必要なこと。

□ (2) 下線部②について，法律の制定以外の仕事として適当なものを次のア～エから1つ選び，記号で答えなさい。

ア　内閣総理大臣の任命　　イ　憲法改正の公布
ウ　最高裁判所長官の任命　エ　弾劾裁判所の設置

□ (3) 下線部③に関連して，内閣が総辞職しなければならないとされる場合として適当なものを次のア～エから1つ選び，記号で答えなさい。

ア　参議院が内閣総理大臣の問責決議をした場合
イ　衆議院で不信任決議案の可決がなされ，10日以内に衆議院が解散されなかった場合
ウ　内閣提出法案が国会で否決された場合
エ　参議院議員選挙が行われた場合

□ (4) 下線部④に関連して，日本の司法制度について述べた文として**誤っているもの**を次のア～エから1つ選び，記号で答えなさい。

ア　裁判員制度が始まったことにより，刑事裁判，民事裁判において国民の中から選ばれた者が裁判に参加することになっている。
イ　裁判がすべて終了したのち，新たな証拠が出てきた場合等の理由で裁判のやり直しを請求できる制度を再審制度という。
ウ　刑事被告人になった場合，憲法上，資格を有する弁護人を依頼する権利が保障されている。
エ　被害者からの申し立て等により，検察官が被疑者を起訴しなかったことについて，有権者の中からくじで選ばれた国民により検察の決定を審査する機関を検察審査会という。

□ (5) 下線部⑤について，衆議院の優越について述べた文として，**誤っているもの**を次のア～エから1つ選び，記号で答えなさい。

ア 予算については，先に衆議院に提出されなければならない。

イ 衆議院で可決されるも，参議院でこれと異なった議決をした法律案は，再度衆議院で可決された場合，法律となる。

ウ 条約の締結に必要な国会の承認については，衆議院が可決した条約案を参議院が60日以内に議決をしないときは，衆議院の議決が国会の議決となる。

エ 予算の議決について，衆議院が可決した予算を参議院が30日以内に議決しないときは，衆議院の議決が国会の議決となる。

□ (6) 下線部⑥に関連して，日本の選挙における問題として，投票率の低下が挙げられる。この問題に対応する制度について述べた文として，**誤っているもの**を次のア～エから1つ選び，記号で答えなさい。

ア 仕事や留学などで海外に住んでいる人が，国政選挙に投票することができる制度がある。

イ インターネットを利用しての投票は可能となっているが，選挙運動については認められていない。

ウ 選挙は原則投票日に投票することになっているが，選挙期日前に投票できる仕組みがある。

エ 仕事や旅行等で選挙期間中に名簿登録地以外の市区町村に滞在している場合，滞在先の市区町村の選挙管理委員会で投票することができる。

□ (7) 下線部⑦について，国政選挙に関して述べた文として，正しいものを次のア～エから1つ選び，記号で答えなさい。

ア 参議院議員選挙は，議員の任期満了にともなってのみ行われることから6年ごとに行われる。

イ 参議院議員選挙に立候補できる年齢は，都道府県知事と同じ満30歳以上である。

ウ 衆議院で採用されている比例代表制は，拘束名簿式比例代表制であり，議席の配分について参議院で採用されている比例代表制とは議席の配分方法が異なる。

エ 衆議院議員選挙では，都道府県を単位とした選挙区ごとに各1人～5人の代表を選ぶ選挙区制が行われている。

□ (8) 下線部⑧について，国の政治に関して調査を行う権限を何というか。**漢字5字**で答えなさい。

6　次の(1)～(7)のことがらについて述べた文A・Bの正誤の組み合わせを判断し，《解答例》にしたがって記号で答えなさい。

《解答例》　・A，Bどちらとも正しい場合　…………ア
・Aが正しく，Bは誤りである場合…………イ
・Aが誤りであり，Bは正しい場合…………ウ
・A，Bどちらとも誤りである場合…………エ

□ (1)　情報社会について

A　さまざまなメディアから発信される多大の情報の中から，主体的に必要な情報を選び取る力(メディアリテラシー)の重要性が説かれている。

B　個人の情報が本人の知らない間に収集され利用されることがあるため，国や地方公共団体，民間の情報管理者が個人情報を慎重に管理するよう義務付ける個人情報保護制度が設けられている。

□ (2)　地方財政について

A　国庫支出金とは，地方公共団体間での収入格差を是正するため，国税の一部を不足の程度に応じて地方公共団体に配分するものであり，使途は定められていない。

B　国の税収を地方公共団体の税収へと移す税源移譲に合わせて，地方交付税交付金の減額も図られた。

□ (3)　社会保障について

A　日本の社会保障制度は，社会保険，公的扶助，公衆衛生の3つを基本的な柱としている。

B　日本では，1960年代前半までに，「国民皆年金」「国民皆保険」が実現し，すべての国民が民間の保険会社の保険に加入することが達成された。

□ (4)　財政について

A　納税者と担税者が一致する税金を直接税といい，消費税は直接税に含まれる。

B　財政の役割の1つに景気の安定化があり，不況においては公共事業を減らすなどして活動を縮小させ景気回復に努める。

□ (5) 労働について

A 労働基準法は一般的な労働条件を示すものなので，その条件を下回る労働条件を内容とする労働契約も有効である。

B 労働三権は，労働者の職業選択の自由を保障する権利であり，自由権に含まれる。

□ (6) 新しい人権について

A 自己決定権は，主に日本国憲法第13条の「幸福追求権」を根拠に主張されている。

B 環境権が最高裁判所に人権として認められたことにより，環境基本法が成立し，国・地方公共団体・事業者・国民の責務を規定した。

□ (7) 価格について

A 景気が良く所得が増え，ある商品の需要が供給を上回っている場合には，価格は低下する。

B 増税が行われたことにより，商品価格が増税分上昇した場合に，取引量が減少すると売り手の利益も減少する。

65

第3回

出題の分類

1 総合問題	4 公民－憲法・政治・中央銀行
2 地理－世界の地理	
3 日本と世界の歴史	

時　間：50分
目標点数：80点

1回目	／100
2回目	／100
3回目	／100

▶解答・解説はP.134

1 あとの各問いに答えなさい。(8)～(10)については，それぞれの説明にあてはまる国名を，それぞれア～エから1つずつ選びなさい。なお，(8)～(10)は，次のページの図(地図)中の番号に対応しています。

□ (1) 1950年に始まった朝鮮戦争をきっかけに，日本でおきたできごととして適切なものを，次のア～エから1つ選びなさい。
ア　特需景気　　イ　昭和恐慌　　ウ　バブル経済　　エ　石油危機

□ (2) 高度経済成長期，企業や政府が利益を優先する中で，大気汚染や水質汚濁などの公害問題が発生した。この公害問題のうち，鉱山の排水にふくまれたカドミウムが原因で，富山県の神通川流域で発生した公害病を何というか。次のア～エから1つ選びなさい。
ア　新潟水俣病　　イ　四日市ぜんそく　　ウ　イタイイタイ病　　エ　水俣病

□ (3) 1960年，政府から所得倍増をスローガンにした経済政策が打ち出された。このときの内閣総理大臣を次のア～エから1つ選びなさい。
ア　池田勇人　　イ　岸信介　　ウ　佐藤栄作　　エ　田中角栄

□ (4) 刑事・民事を問わず，国民が法的トラブルの解決に必要な情報やサービスの提供を受けられるように，2006年に設立された法人の通称を何というか。次のア～エから1つ選びなさい。
ア　検察審査会　　イ　法テラス　　ウ　公聴会　　エ　法科大学院

□ (5) フランスの思想家で，『社会契約論』を著し，人民主権を唱えた人物は誰か。次のア～エから1つ選びなさい。
ア　ペリー　　イ　ルソー　　ウ　リンカン　　エ　モンテスキュー

□ (6) 2011年に独立したが，その後も内戦が続いた国はどこか。次のア～エから1つ選びなさい。

ア ウクライナ イ パラオ ウ 東ティモール エ 南スーダン

□ (7) インドの人口の約80％が信仰している宗教は何か。次のア～エから1つ選びなさい。

ア イスラム教 イ キリスト教 ウ ヒンドゥー教 エ 仏教

□ (8) この国のカタルーニャ地方では独立運動が起きている。

ア イギリス イ スペイン ウ ドイツ エ フランス

□ (9) この国はOPEC加盟国であり，イスラム教の聖地のメッカがある。

ア イスラエル イ イラク ウ イラン エ サウジアラビア

□ (10) この国では南アメリカで最初のオリンピックが開催され，日系人が移民して約100年が経過した。

ア アルゼンチン イ エクアドル ウ チリ エ ブラジル

図

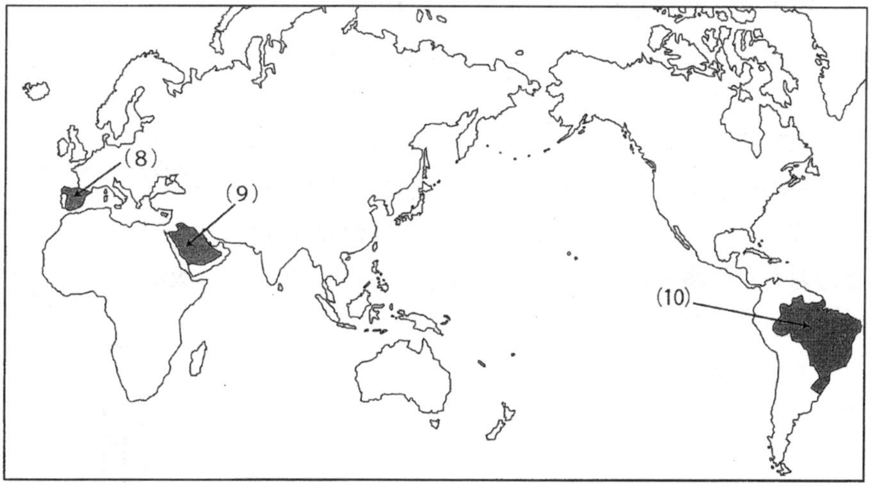

2 次の各問いに答えなさい。

地図1

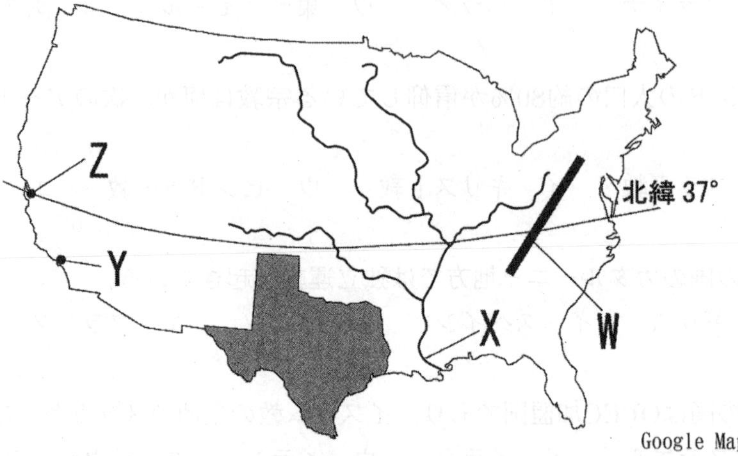

Google Mapより作成

□ (1) 地図1中W・Xにあてはまる地名の組合せとして正しいものを，次のア～エから1つ選び，記号で答えなさい。

ア W：アパラチア山脈 X：コロラド
イ W：アパラチア山脈 X：ミシシッピ川
ウ W：ロッキー山脈 X：コロラド川
エ W：ロッキー山脈 X：ミシシッピ川

□ (2) 右の雨温図は，地図1中Yの都市の雨温図である。右の雨温図のような特徴をもつ気候を何というか，答えなさい。また，この気候の下で行われる農業のおもな作物として正しいものを，次のア～エから1つ選び，記号で答えなさい。

ア オリーブ イ タロイモ
ウ コーヒー エ てんさい

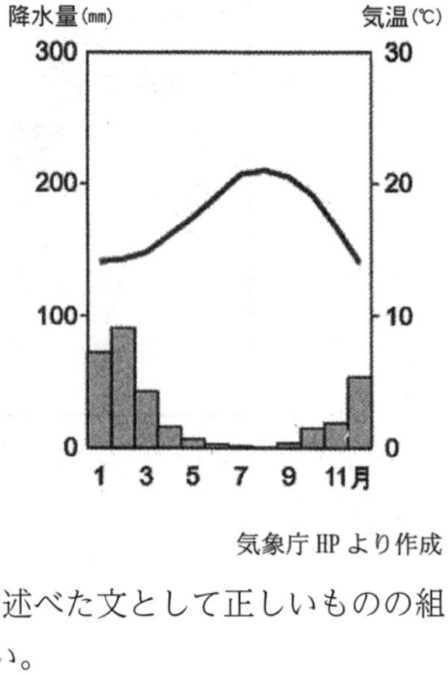

気象庁HPより作成

□ (3) 地図1中Zの都市では，インド南部の都市バンガロール(ベンガルール)の企業とソフトウェア開発やコールセンターの仕事を協力して行う企業が増えている。次のページのⅠ～Ⅳのうち，その理由について述べた文として正しいものの組合せを，あとのア～カから1つ選び，記号で答えなさい。

Ⅰ　インドでは英語が準公用語になっており，英語を話す人口が多いから。

Ⅱ　両国ともおもにキリスト教を信仰しているため，文化の差が少ないから。

Ⅲ　インドでは数学の教育水準（すいじゅん）が高く，国や州が技術者を育てる支援をしているから。

Ⅳ　アメリカとインドでは時差がなく，同時進行で仕事を行うことができるから。

ア　ⅠとⅡ　イ　ⅠとⅢ　ウ　ⅠとⅣ　エ　ⅡとⅢ　オ　ⅡとⅣ　カ　ⅢとⅣ

□　(4)　アメリカでは地図1中に示した北緯37°付近から南に位置する地域でハイテク産業が盛んである。この北緯37°以南の地域を何というか，答えなさい。

□　(5)　前のページの地図1中の着色された州には，世界的な石油系巨大企業の本社がある。下の表は原油の輸出量，輸入量，産出量の上位5ヵ国の表である。下の表から読み取れるものとして**誤っているもの**をあとのア～エから1つ選び，記号で答えなさい。

原油の輸出量（2015年，単位　万トン）

国名	量
サウジアラビア	36,848
ロシア	24,452
カナダ	16,392
イラク	14,754
アラブ首長国連邦	12,454
世界計	213,383

原油の輸入量（2015年，単位　万トン）

国名	量
アメリカ合衆国	36,3620
中国	33,548
インド	20,285
日本	15,863
韓国	13,875
世界計	216,885

原油の産出量（2015年，単位　万トン）

国名	量
ロシア	51,023
サウジアラビア	50,803
アメリカ合衆国	46,439
中国	21,456
カナダ	20,792
世界計	393,055

『世界国勢図会2018/2019』より作成

ア　原油の輸出量上位3ヵ国の合計は，世界の原油輸出量の三分の一を超えている。

イ　中国は原油の産出量より，輸入量の方が多い。

ウ　原油の産出量上位5ヵ国は，すべて首都が北半球にある国である。

エ　アメリカ合衆国は原油の産出量が多いため，原油の輸入はしていない。

□　(6)　アメリカの人口と社会について述べた文A・Bについて，その正誤の組合せとして正しいものを，あとのア～エから1つ選び，記号で答えなさい。

A　面積が広く，人口密度が低いアメリカでは，快適な生活のために日常生活の広い範囲（はんい）で電車が利用されている。

B　仕事をもとめてアメリカにやってくる人々のなかには，不法に国境をこえて入国する人々もいる。

ア　A－正　B－正　イ　A－正　B－誤　ウ　A－誤　B－正　エ　A－誤　B－誤

3 次の各問いに答えなさい。

□ (1) 宗教のおこりとそれに関連するできごとであるA～Dを，年代の古い順に並べたものとして，次のア～オから，最も適当なものを選び，記号で答えなさい。

A キリスト教がローマ帝国の国教として認められた。
B シャカがバラモンの教えを批判して仏教を開いた。
C イエスがユダヤ教をもとにして教えを説いた。
D ムハンマドが，アッラーの前では全ての人は平等であると説くイスラム教を開いた。

ア B → C → A → D
イ B → C → D → A
ウ C → B → D → A
エ C → A → B → D
オ D → B → C → A

□ (2) 弥生時代の日本の稲作に関する記述として，次のア～オから，最も適当なものを選び，記号で答えなさい。

ア 大陸から伝わった稲作は，沖縄など南西諸島から東日本まで定着した。
イ 弥生時代の稲作を伝える代表的な遺跡として，岩宿遺跡が挙げられる。
ウ 稲作と共に金属器も伝わり，木製農具は使われなくなった。
エ 稲作によって人々は富を持つようになり，身分の区別が生まれた。
オ 青銅器で稲の穂を摘んで収穫し，高床倉庫に貯蔵した。

□ (3) 天平文化に関する記述として，次のア～オから，最も適当なものを選び，記号で答えなさい。

ア 天武天皇は仏教の力に頼り，国ごとに国分寺と国分尼寺を建てた。
イ 地方の国ごとに自然・産物・地理や伝説などを記した『風土記』がまとめられた。
ウ 最澄と空海は唐に渡り，仏教の新しい教えを日本に伝えた。
エ 日本の風景や人物を描いた大和絵が生まれ，絵巻物も作られた。
オ 仏教が皇族や豪族にも広がり，法隆寺が建てられた。

□ (4) 下の和歌に関する記述として，次のア～オから，最も適当なものを選び，記号で答えなさい。

この世をば我が世とぞ思う望月のかけたることもなしと思えば

ア 山上憶良が地方の貧しい農民の暮らしをよんだ歌。
イ 空海が最澄にあてた手紙に添えられた歌。
ウ 娘が天皇のきさきになった日に，藤原道長がよんだ歌。
エ 地頭の乱暴な行為を訴えるべく荘園の農民たちがよんだ歌。
オ 土佐の国司を務めた紀貫之が，都に帰る際によんだ歌。

□ (5) 鎌倉時代の出来事であるA～Dを，年代の古い順に並べたものとして，次のア～オから，最も適当なものを選び，記号で答えなさい。

A 御成敗式日が制定された。　B 承久の乱が起こった。
C 永仁の徳政令が出された。　D 文永の役が起こった。

ア A → D → C → B
イ A → C → B → D
ウ A → B → C → D
エ B → A → D → C
オ B → D → A → C

□ (6) 江戸幕府の全国支配のしくみに関する記述として，次のア～オから，最も適当なものを選び，記号で答えなさい。

ア 天皇や公家に対して法度を定め，朝廷を監視する役職をおいた。
イ 大阪や長崎などの重要都市は親藩の領地とした。
ウ 常設の役職である大老や老中をおいた。
エ 大名は妻子を領地に住まわせ，自身は1年おきに江戸に滞在した。
オ 豊臣秀吉が進めた兵農分離を見直し，身分の差を緩和した。

□ (7) 右の絵画の作者として，次のア～オから，最も適当なものを選び，記号で答えなさい。

ア 喜多川歌麿
イ 東洲斎写楽
ウ 葛飾北斎
エ 歌川広重
オ 鈴木春信

□ (8) 次の文章は，日清戦争・日露戦争後の講和会議について述べたものである。空欄〔A〕～〔E〕(同じ記号には同じ語が入る)に当てはまる語の組み合わせとして，あとのア～オから，最も適当なものを選び，記号で答えなさい。

日清戦争では，日本と清の間で〔 A 〕条約が結ばれ，清から日本に対して賠償金を支払うこと，〔 B 〕や台湾を日本にゆずることなどが決められた。しかし，三国干渉により日本は〔 B 〕を返還した。日露戦争では，〔 C 〕の仲介によって日本とロシアの間で講和会議が開かれ，〔 D 〕条約が結ばれた。〔 D 〕条約では日本の〔 E 〕における優越権などが認められたが，賠償金が得られなかったことに対する暴動が日本国内で起こった。

ア 〔A〕下関 〔B〕山東半島 〔C〕アメリカ 〔D〕ヴェルサイユ 〔E〕満州
イ 〔A〕下関 〔B〕遼東半島 〔C〕イギリス 〔D〕ポーツマス 〔E〕満州
ウ 〔A〕下関 〔B〕遼東半島 〔C〕アメリカ 〔D〕ポーツマス 〔E〕韓国
エ 〔A〕天津 〔B〕遼東半島 〔C〕アメリカ 〔D〕ヴェルサイユ 〔E〕満州
オ 〔A〕天津 〔B〕山東半島 〔C〕イギリス 〔D〕ヴェルサイユ 〔E〕韓国

□ (9) 1929年から始まった世界恐慌に関する記述として，次のア～オから，最も適当なものを選び，記号で答えなさい。

ア アメリカはニューディール政策を行い，公共事業の削減を進めた。

イ　イギリスは植民地以外の国と積極的に貿易を進め，景気の回復を図った。
ウ　ドイツでは恐慌の影響で政治や経済は混乱し，ファシスト党に対する反発が高まった。
エ　日本は既に関東大震災による恐慌に陥っていたため，世界恐慌の影響は受けなかった。
オ　ソ連は社会主義政策を進めたため，世界恐慌の影響を受けなかった。

□ (10)　GHQの民主化政策に関する記述として，次のア～オから，最も適当なものを選び，記号で答えなさい。
ア　農地改革が行われ，自作農が大幅に減った。
イ　教育基本法が制定され，小学校6年間と中学校3年間が義務教育となった。
ウ　民法が改正され，戸主を中心とする家制度が定められた。
エ　財閥が保護され，労働基準法，労働組合法が制定された。
オ　政治活動の自由が認められ，18歳以上の全ての男女に選挙権が与えられた。

□ (11)　日本の外交に関して，1956年の日本の国際連合加盟よりも後に調印された条約の組み合わせとして，次のア～オから，最も適当なものを選び，記号で答えなさい。
A　日ソ共同宣言　　B　日韓基本条約
C　日米安全保障条約　　D　日中平和友好条約
ア　A・B　　イ　A・C　　ウ　B・C　　エ　B・D　　オ　C・D

4　次の各問いに答えなさい。

□ (1)　次の文中の［ a ］にあてはまる語をあとのア～エの中から1つ選び，記号で答えなさい。また，［ b ］にあてはまる語を**漢字**で書きなさい。

> 憲法とは何だろう。その第99条には「［ a ］は，この憲法を尊重し擁護（ようご）する義務を負う。」と書かれている。このように，憲法とは，「権力者を縛（しば）るもの」である。
> 国の政治権力は強大で，国民の自由を縛ることができる。そこで，この政治権力から人権を守り保障していくために，憲法によって政治権力を制限するという考え方が生まれた。これを［ b ］主義という。［ b ］主義の考えは，政治が人の支配によってではなく，法の支配に基づいて行われることを求めている。

ア　日本国民
イ　公務員及び国民
ウ　天皇及び国務大臣，国会議員，国民
エ　天皇又は摂政及び国務大臣，国会議員，裁判官その他の公務員

(2)　次の文を読み，あとのⅠ・Ⅱに答えなさい。

> 他人のものを盗んだり，殺人を犯したりすることを刑法などの法律では犯罪と定めている。このような刑事事件がおきたとき，おもに警察官が捜査にあたり，被疑者(犯罪の疑いのある者)を逮捕すると，検察に送り，①検察官が裁判所に訴える。これを刑事裁判という。
> 刑事裁判で有罪となった被告人には，刑罰が科せられ，その人の人生に重大な影響を及ぼす。したがって，②被告人の人権が侵されることのないようにしなければならない。

□　Ⅰ　下線部①のことを何というか。**漢字**で書きなさい。

□　Ⅱ　下線部②に関連して，被疑者や被告人に保障されている権利について述べた文として**誤っているもの**を，次のア～エから1つ選び，記号で答えなさい。
ア　あらかじめ法律の定めがなければ，刑罰を科せられない。
イ　被疑者・被告人は弁護人を依頼する権利が保障されている。
ウ　被疑者に対する取り調べでの拷問(ごうもん)は禁止されている。
エ　被疑者・被告人は答えたくない質問にも必ず答えなければならない。

□　(3)　次の文中の［　a　］にあてはまる語を**漢字**で書きなさい。また，下線部の国会について述べた文として正しいものを，あとのア～エから1つ選び，記号で答えなさい。

> 内閣総理大臣は国会議員の中から国会で指名された人が，天皇によって任命される。内閣総理大臣はそのほかの国務大臣を任命して内閣を組織する。内閣の方針や意思を決定する会議が［　a　］である。［　a　］には内閣総理大臣と国務大臣全員が出席し，全会一致によって決定がなされる。

ア　衆議院は内閣不信任の決議をする権限がある。
イ　参議院は予算先議権が認められている。
ウ　衆議院・参議院ともに解散がある。
エ　衆議院議員の任期は，参議院議員の任期より長い。

(4)　次の文を読み，あとのⅠ・Ⅱに答えなさい。

世界の国々は，中央銀行という特別な働きをする銀行をもっている。日本の中央銀行は日本銀行で，様々な役割を果たしている。日本銀行は，まず，私たちが使っている紙幣を発行できる唯一の「[a]銀行」である。また，国が資金を出し入れする「政府の銀行」でもある。さらに，「銀行の銀行」として，金融機関だけに資金を貸し出したりするだけでなく，<u>銀行が保有する国債（こくさい）などを増やしたり減らしたりすることで通貨量を調整し，景気や物価を安定させる役目も果たしている</u>。

□　Ⅰ　文中の[a]にあてはまる語を**漢字**で書きなさい。

□　Ⅱ　文中の下線部に関連して，次の図1は，不景気の時に日本銀行が行う金融政策を示している。これを説明した下の文中の[b]～[d]にあてはまる語の組み合わせとして正しいものを，あとのア～クから1つ選び，記号で答えなさい。

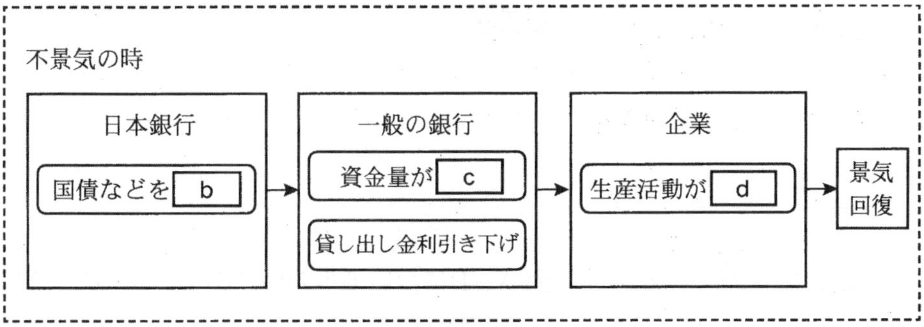

図 1

日本銀行は不景気の時，一般の銀行が持つ国債などを[b]。一般の銀行は資金量が[c]ので，企業に貸し出そうとし，貸し出し金利を引き下げる。企業は資金を調達しやすくなり，生産活動が[d]ので，景気は回復へと向かう。

ア〔b　買う　　c　増える　　d　活発になる〕
イ〔b　買う　　c　増える　　d　縮小する　〕
ウ〔b　買う　　c　減る　　d　活発になる〕
エ〔b　買う　　c　減る　　d　縮小する　〕
オ〔b　売る　　c　増える　　d　活発になる〕
カ〔b　売る　　c　増える　　d　縮小する　〕
キ〔b　売る　　c　減る　　d　活発になる〕
ク〔b　売る　　c　減る　　d　縮小する　〕

65 第4回

出題の分類

時　間	50分
目標点数	80点

1 地理－世界と日本の地理
2 日本と世界の歴史－古代～現代
3 公民中心の総合問題－憲法，政治，経済，国際

▶解答・解説はP.137

1回目	／100
2回目	／100
3回目	／100

1 次の各問いに答えなさい。

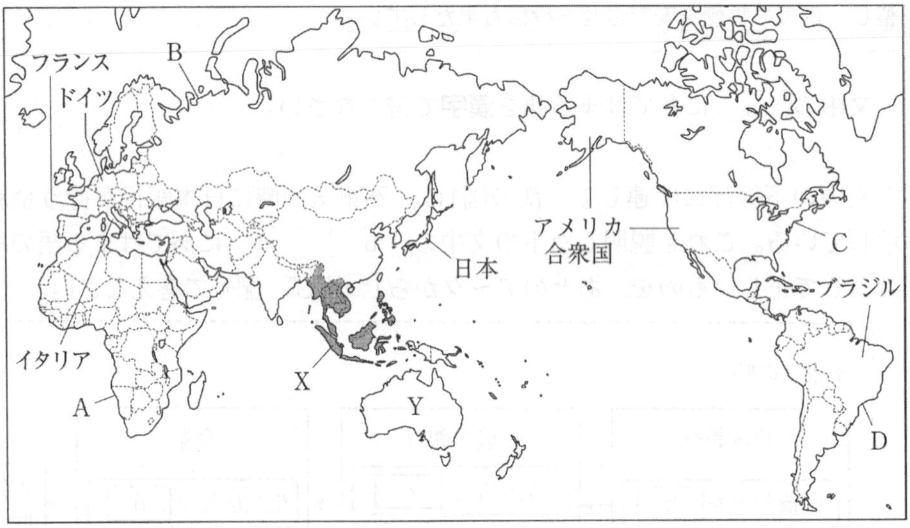

図1

□ (1) 次のア～エは，図1中の大陸A～Dについての説明である。A～Cにあてはまる説明を，それぞれ1つずつ選び，記号で答えなさい。

ア 世界で最も高い山がある大陸で，大陸の西部では偏西風，東部では季節風の影響を強く受けている。

イ 針葉樹林が広がる冷帯(亜寒帯)の占める割合が高い大陸で，南東部ではしばしばハリケーンによる被害を受ける。

ウ 北部には世界最大の砂漠がある大陸で，世界で最も長い川が赤道付近から北へ向かって流れている。

エ 北部には世界で最も流域面積が広い川が流れる大陸で，その川の流域では熱帯林の大規模な開発が問題となっている。

□ (2) 図1中のXの地域では，植民地時代に開かれた大農園で天然ゴムや油やしなどが栽培されている。このような大農園を何というか，カタカナで答えなさい。

□　(3)　下の図2・図3は，図1中のYの国の特色をまとめるためにつくった分布図で，図2・図3中の▒は，ある特徴をもつ地域を示している。図2・図3にあてはまるタイトルを，次のア～エからそれぞれ1つずつ選び，記号で答えなさい。

ア　鉄鉱石が産出される地域　　イ　人口密度が高い地域

ウ　牛の飼育がさかんな地域　　エ　羊の飼育がさかんな地域

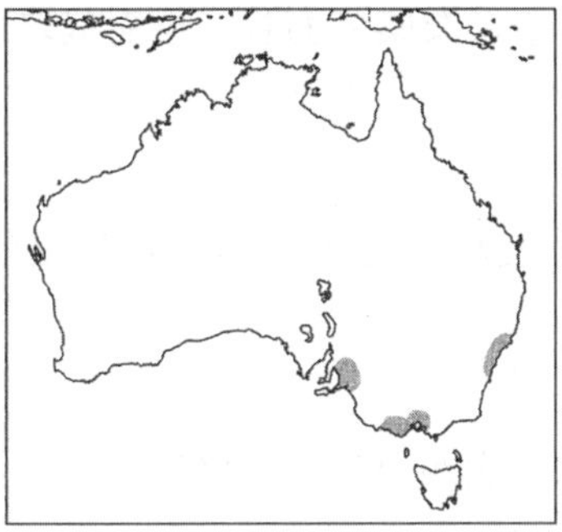

（ディルケ世界地図をもとに作成）

図２

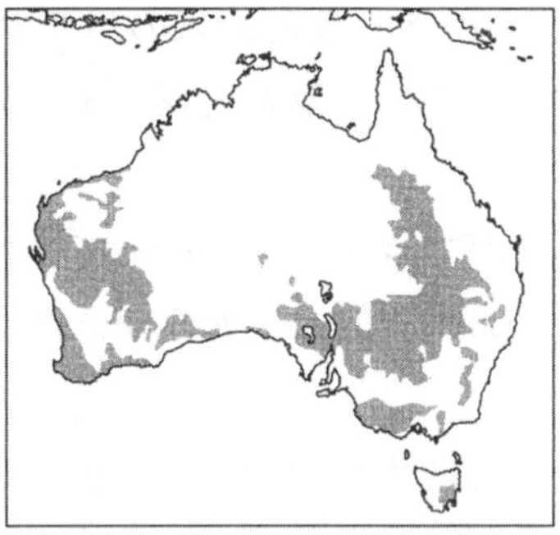

（ジャカランダ地図帳をもとに作成）

図３

□　(4)　次の表1は，図1中のフランス，ドイツ，イタリア，日本，アメリカ合衆国，ブラジルの発電量とその内訳を示したものである。また，表2は，表1中の国を，ある特色が見られる①の国と，その特色があてはまらない②の国の2つのグループに分けたものである。表2の①はどのような特色が見られる国か，表1と図4を参考に理由もふくめて，簡単に書きなさい。

表1：各国の発電量とその内訳　（億kWh）

	合計	火力	水力	原子力	風力	地熱	その他
フランス	5,628	340	686	4,365	172	－	65
ドイツ	6,278	4,117	254	971	574	1	361
イタリア	2,798	1,762	603	－	152	59	222
日本	10,407	9,216	869	－	50	25	246
アメリカ合衆国	43,392	29,999	2,815	8,306	1,839	187	246
ブラジル	5,905	1,895	3,734	154	122	－	0

（2014年，データブック オブ・ザ・ワールドをもとに作成）

表2

①	イタリア 日本 アメリカ合衆国
②	フランス ドイツ ブラジル

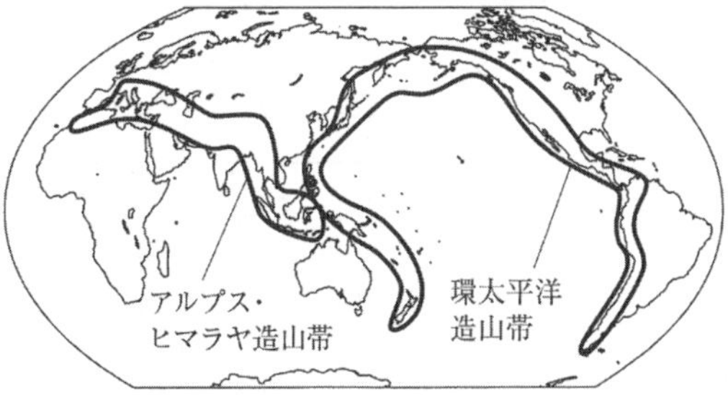

図4：新期造山帯

(5) 次の①～④にあてはまる都道府県を，下の図5中のア～カからそれぞれ1つずつ選び，記号で答えなさい。

□ ① 江戸時代には蔵屋敷が建ち並び，商業の中心地として栄え，「天下の台所」と呼ばれていた。

□ ② 「はえぬき」などの米の生産がさかんな県であり，果樹栽培もさかんで日本のさくらんぼの生産量の大部分を占めている。

□ ③ 農業ができない冬に行っていた副業から発達した地場産業がさかんで，眼鏡のフレームの世界的な生産地がある。

□ ④ かつて四大公害病の1つである水俣病が発生した経験をふまえ，リサイクルやごみの分別に力を入れている都市がある。

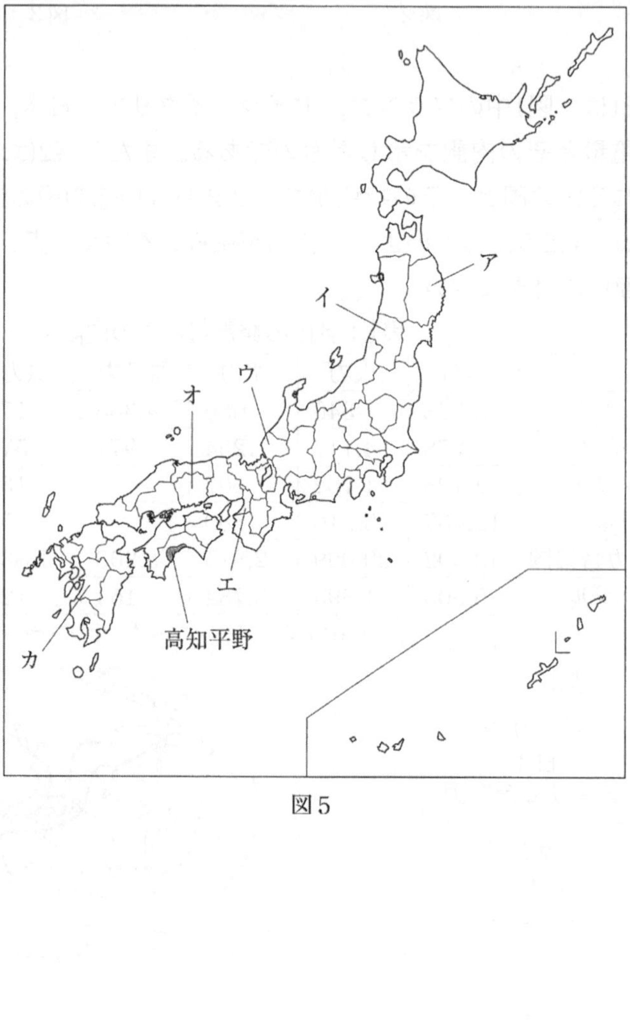

図5

□ (6) 図5中の高知平野では，温暖な気候とビニールハウスなどの施設を利用して，なすやピーマンなどの野菜を栽培している。このように他の地域より出荷時期を早める目的で栽培する方法を何というか，答えなさい。また，東京都中央卸売市場の，高知県のなすの入荷量と全国平均価格のグラフにあてはまるものを，次のア～エから1つ選び，記号で答えなさい。

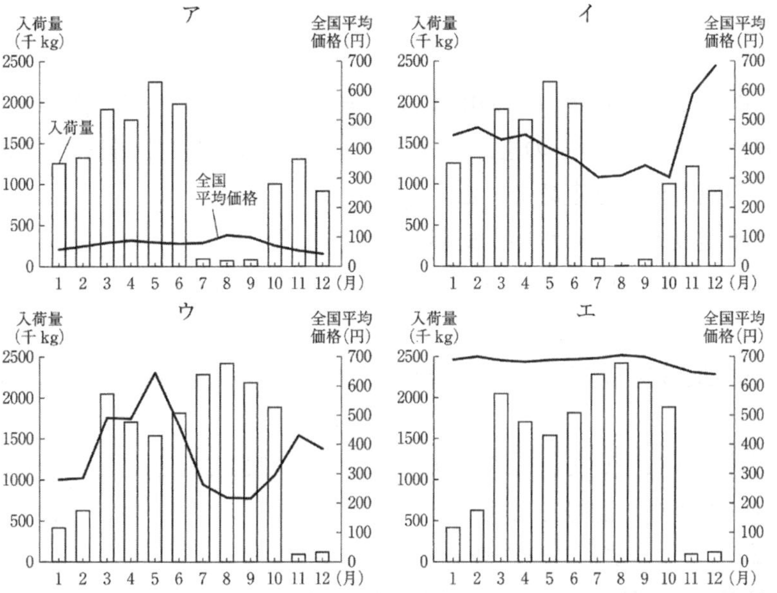

(東京都中央卸売市場のホームページをもとに作成)

□ (7) 右の図6は，ある工業の工場の分布を示したものである。この工業にあてはまるものを，次のア～エから1つ選び，記号で答えなさい。

ア 鉄鋼

イ 半導体

ウ 自動車

エ 石油化学

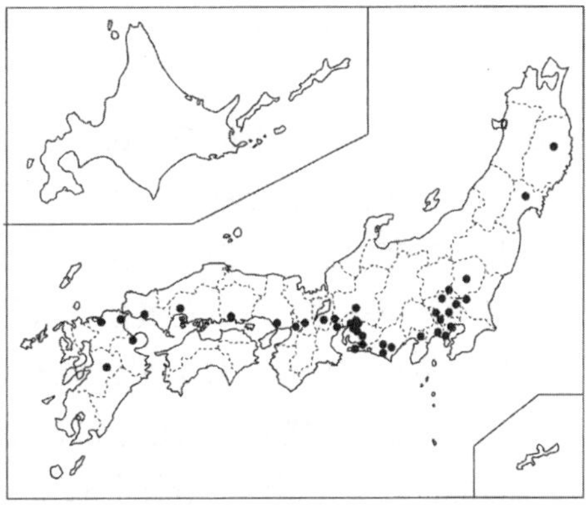
(2017 年，日本国勢図会をもとに作成)

図6

2 世界遺産に関する次のA～Eの文を読んで，あとの各問いに答えなさい。

A 大阪府①堺市にある，②日本最大の前方後円墳は，当時の政治・文化の中心地のひとつであり，大陸に向かう航路の発着点であった大阪湾に接する平野上に5世紀頃に築造されました。③4世紀後半から5世紀後半にかけて築かれた，この古墳をはじめとする百舌鳥（もず）・古市（ふるいち）古墳群は，土製建造物のたぐいまれな技術的到達点をあらわし，墳墓によって権力を象徴した日本列島の人々の歴史を物語るものであることが評価され，2019年に「百舌鳥・古市古墳群－古代日本の墳墓群－」として世界文化遺産に登録されました。

□ (1) 下線部①について，この町出身の千利休について述べた次の文aとbの正誤の組み合わせとして正しいものを，あとのア～エから1つ選び，記号で答えなさい。

a 茶の湯の作法を定めて，わび茶を完成させた。

b 織田信長の怒りをかい，切腹を命じられた。

ア a－正 b－正　イ a－正 b－誤　ウ a－誤 b－正　エ a－誤 b－誤

□ (2) 下線部②について，この古墳を何というか答えなさい。

□ (3) 下線部③について，この時期におこったできごととして正しいものを，次のア～エから1つ選び，記号で答えなさい。

ア ムハンマドがイスラム教をおこした。

イ 中国では隋にかわって唐が成立した。

ウ ローマ帝国が東西に分裂した。

エ インドではアショーカ王が仏教を保護した。

B 広島県廿日市（はつかいち）市にある厳島神社は，④推古天皇元年(593年)に創建されたと伝えられています。⑤平安時代には，⑥武士として初めて太政大臣となった人物の援助で整備され，現在のような海上に浮かぶ建造物になりました。海上に立ち並ぶ建築物群と背後の自然とが一体となった景観は人類の創造的才能をあらわす傑作（けっさく）であること，また，建造物の多くは13世紀に火災に見舞われたが，創建時の様式に忠実に再建され，平安時代，⑦鎌倉時代の建築様式を今に伝えていることなどが評価され，1996年に「厳島神社」として世界文化遺産に登録されました。

□ (4) 下線部④について，この年以前におこったできごとについて述べた次の文a～cが，年代の古い順に並べられたものを，あとのア～カから1つ選び，記号で答えなさい。

a 女王卑弥呼が邪馬台国を支配した。

b 奴国の王が中国の皇帝から金印を与えられた。

c　朝鮮半島の百済から仏教が伝わった。

ア　a→b→c　　イ　a→c→b　　ウ　b→a→c

エ　b→c→a　　オ　c→a→b　　カ　c→b→a

□　(5)　下線部⑤について，この時代の仏教について述べた次の文aとbの正誤の組み合わせとして正しいものを，あとのア～エから1つ選び，記号で答えなさい。

a　最澄は中国から多くの経典を持ち帰り，天台宗をひらいて比叡山に延暦寺を建てた。

b　藤原頼通は阿弥陀仏の住む極楽浄土をこの世に再現しようとして，平等院鳳凰堂をつくった。

ア　a－正　b－正　　イ　a－正　b－誤　　ウ　a－誤　b－正　　エ　a－誤　b－誤

□　(6)　下線部⑥について，この人物を答えなさい。

□　(7)　下線部⑦について，この時代のできごとについて述べた次の文aとbの正誤の組み合わせとして正しいものを，あとのア～エから1つ選び，記号で答えなさい。

a　承久の乱で幕府軍に敗れた後鳥羽上皇は，隠岐国へ流された。

b　執権の北条時宗は，武士の慣習をまとめた御成敗式目を制定した。

ア　a－正　b－正　　イ　a－正　b－誤　　ウ　a－誤　b－正　　エ　a－誤　b－誤

C　日本最高峰の富士山は，奈良時代につくられた日本最古の歌集⑧『万葉集』にも登場するなど，古くから日本を代表する山として多くの人々に親しまれてきました。⑨江戸時代には，暮らしに余裕が生じた人々の間で信仰と楽しみをかねた旅が流行すると，この山は「東海道五十三次」や「富嶽三十六景」など，浮世絵の題材としても人気を集めました。富士山は，2013年に「富士山－⑩信仰の対象と⑪芸術の源泉」として世界文化遺産に登録されました。

□　(8)　下線部⑧について，この歌集に関係する人物として正しいものを，次のア～エから1つ選び，記号で答えなさい。

ア　紀貫之　　イ　菅原道真　　ウ　藤原定家　　エ　大伴家持

□　(9)　下線部⑨について，この時代に出された次のア～エの法令を，年代の古い順にならべたとき，2番目にくるものを記号で答えなさい。

ア　生類憐みの令　　イ　公事方御定書

ウ　異国船打払令　　エ　武家諸法度寛永令

□ (10) 下線部⑩について，キリスト教に関する説明として正しいものを，次のア～エから1つ選び，記号で答えなさい。

ア 1世紀にイタリア半島で成立し，その後世界各地にひろまった。
イ 11世紀に聖地エルサレム奪還をめざす十字軍運動がはじまった。
ウ 15世紀にイエズス会の宣教師によって日本に初めて伝えられた。
エ 17世紀にイギリスではルター派の人たちが革命をおこした。

□ (11) 下線部⑪について，ヨーロッパで14世紀に始まった，古代ギリシャ・ローマの文化を理想とする文芸復興運動を何というか答えなさい。

D 19世紀半ば以降，薩摩藩や長州藩などの改革に成功した藩は，幕末には江戸幕府に対抗するほどに力をつけ，また，工場制手工業のしくみは，日本で近代産業が発達するもとになりました。明治時代になると工業化の動きはさらに加速し，⑫19世紀後半から20世紀の初頭にかけ，後に日本の基幹産業となる造船，製鉄・製鋼，石炭と重工業において急速な産業化を成し遂(と)げました。長崎県の端島炭鉱(軍艦島)や山口県の⑬松下村塾など日本各地の遺構は，2015年に「明治日本の産業革命遺産　製鉄・製鋼，造船，石炭産業」として世界文化遺産に登録されました。

□ (12) 下線部⑫について，この時期の日本に関係するできごととして**誤っているもの**を，次のア～エから1つ選び，記号で答えなさい。

ア 西南戦争がおこった。　　　　イ 日朝修好条規が結ばれた。
ウ 大日本帝国憲法が発布された。　エ ポーツマス条約が結ばれた。

□ (13) 下線部⑬について，この塾で学んだ高杉晋作によってつくられた，武士，百姓などの身分にかかわらず構成された軍隊の名称を答えなさい。

E ⑭ル・コルビュジエ(1887～1965)は，スイスで生まれ，おもにフランスで活躍した建築家です。彼は，石やレンガを積み上げてつくる建物が主流の時代に，鉄筋コンクリートという新しい素材を利用して，革命的な建築物を次々と生み出しました。1959年に完成した東京の国立西洋美術館本館など，彼の作品の中から選ばれた三大陸7か国(フランス・日本・ドイツ・スイス・ベルギー・アルゼンチン・⑮インド)に所在する17の資産は，2016年に「ル・コルビュジエの建築作品－近代建築運動への顕著な貢献－」として世界文化遺産に登録されました。

□ (14) 下線部⑭について，彼の晩年におこったできごとについて述べた次の文a～cが，年代の古い順に並べられたものを，あとのア～カから1つ選び，記号で答えなさい。

a　日ソ共同宣言が調印され，日本の国際連合への加盟が実現した。

b　アジアで初めてのオリンピック大会が，東京で開催された。

c　北朝鮮軍が朝鮮を統一しようと韓国に攻め込み，朝鮮戦争がはじまった。

ア　a→b→c　　イ　a→c→b　　ウ　b→a→c

エ　b→c→a　　オ　c→a→b　　カ　c→b→a

□　(15)　下線部⑮について，1947年にイギリスから独立したインドで初代首相をつとめた人物を答えなさい。

3　次の政治や経済に関する，あとの各問いに答えなさい。

(1)　次の文章を読んで，あとの各問いに答えなさい。

> 国民の自由と権利を守るため，権力者も法に従わなくてはならないという考え方を□□□という。また，権力が集中して強大になると，法が守られず，私たちの自由がおびやかされるという危険がある。そのため，近代国家では<u>権力分立</u>のしくみが採用されている。

□　①　上記の文中の□□□にあてはまる語を**4字**で答えなさい。

□　②　上記の文章中の<u>下線部</u>に関して，日本の権力分立制度について述べたものとして正しいものを，次のア～エから1つ選び，記号で答えなさい。

ア　国民を代表する国会が予算を決め，内閣総理大臣を任命する。

イ　内閣が最高裁判所の長官を任命し，その他の裁判官を指名する。

ウ　最高裁判所裁判官の国民審査は，参議院議員選挙の際に行われる。

エ　裁判官の弾劾を行う弾劾裁判所は国会に設置される。

(2)　次の文章を読んで，あとの各問いに答えなさい。

> 国会での議決は，衆議院と参議院の議決の一致により成立します。両院の議決が一致しない場合，意見を調節するために□□□が開かれることがあります。それでも一致しない場合，<u>衆議院の意思を優越させる場合</u>があります。

□ ①　上記の文中の[　　]にあてはまる語を答えなさい。

□ ②　上記の文章中の下線部について，この場合の例として**誤っているもの**を，次のア～エから1つ選び，記号で答えなさい。
ア　憲法改正の発議　　イ　内閣総理大臣の指名
ウ　予算の議決　　　　エ　条約の承認

(3)　次の文章を読んで，あとの各問いに答えなさい。

> 地方自治は住民が民主主義を学び，地方政治に参加する機会になるために「民主主義の[　　]」といわれており，市町村や都道府県などの地方公共団体を単位として行われている。

□ ①　上記の文中の[　　]にあてはまる語を答えなさい。

□ ②　上記の文章中の下線部について，地方公共団体の仕事の内容として正しいものを，次のア～エから1つ選び，記号で答えなさい。
ア　外交　イ　防衛　ウ　公立学校の設置　エ　年金の管理運営

(4)　次の文章を読んで，あとの各問いに答えなさい。

> 一定の年齢に達したすべての国民に選挙権と被選挙権が与えられており，これを[　　]選挙制度という。現在国会議員の選挙の一部では比例代表制度が採用されており，ドント方式によって議席が配分されている。

□ ①　上記の文中の[　　]にあてはまる語を答えなさい。

□ ②　上記の文章中の下線部についてある地域で選挙が行われ，右の表のような結果となった。比例代表制で，定数が6の場合，それぞれの政党の獲得議席数を「ドント方式」によって求めると何議席ずつになるか。正しいものを，次のア～エから1つ選び，記号で答えなさい。

政党名	得票数
A党	15,000
B党	20,000
C党	10,000
D党	8,000
E党	12,000

ア　A党－2議席　B党－4議席　C党－0議席　D党－0議席　E党－0議席
イ　A党－1議席　B党－3議席　C党－1議席　D党－0議席　E党－0議席

ウ　A党－1議席　B党－2議席　C党－1議席　D党－1議席　E党－1議席
エ　A党－2議席　B党－2議席　C党－1議席　D党－1議席　E党－0議席

(5)　次の文章を読んで，あとの各問いに答えなさい。

> 私たちは多くのものを消費しながらくらしています。こうしたもののうち，目に見えるものを財といい，財以外のものを［　　］といいます。近年政府は，消費者主権を守り自由で公正な社会を実現するために消費者保護政策を進めていますが，その先駆けとなったのはアメリカ大統領ケネディの消費者の4つの権利です。

□　①　上記の文中の［　　］にあてはまる語を答えなさい。

□　②　次の各文は，上記の文章中の下線部に関して，歴代のアメリカ大統領について述べた文を古い順から並べた場合の順序として正しいものを，あとのア～エから1つ選び，記号で答えなさい。

A　ウィルソン大統領が民族自決の原則を提唱した。
B　リンカン大統領が奴隷解放宣言を出した。
C　ルーズベルト大統領がニューディール政策を行った。
D　オバマ大統領が核兵器の廃絶をめざす決意を表明した。
ア　A→B→C→D
イ　B→A→C→D
ウ　A→B→D→C
エ　B→A→D→C

(6)　次の文章を読んで，あとの各問いに答えなさい。

> EU(ヨーロッパ連合)は経済統合からはじまり，今日では政治，外交にわたるまでの統合をめざしています。現在では，その加盟国のうち19か国で共通通貨の［　　］が導入されています。

□　①　上記の文中の［　　］にあてはまる語をカタカナで答えなさい。

□　②　上記の文章中の下線部について，次のページの表はEU加盟国のうち国連通常予算の分担率の上位4か国(ドイツ・イギリス・フランス・イタリア)についての統計である。2016年の国民投票においてEU離脱派が勝利した国を，表中のア～エから

1つ選び，記号で答えなさい。

	人口(万人)	面積 (千km^2)	国連通常予算の分担率 (%)	小麦生産量 (千トン)
ア	8,352	358	6,090	24,482
イ	6,753	242	4,567	14,837
ウ	6,513	552	4,427	36,925
エ	6,055	302	3,307	6,966

(注) 年次統計は，人口・分担率は2019年，他は2017年 (「世界国勢図会2019/20」から作成)

(7) 次の文章を読んで，あとの各問いに答えなさい。

国の行う経済活動を□といいいます。この収入は，原則的に国民が義務として納める税金によってまかなわれています。

□ ① 上記の文中の□にあてはまる語を答えなさい。

□ ② 上記の文章中の下線部について，右のグラフは国の収入の内訳を示したものである。グラフ中のX，Yにあてはまる税の組合せとして正しいものを，次のア～エから1つ選び，記号で答えなさい。

ア X－法人税 Y－贈与税
イ X－贈与税 Y－相続税
ウ X－消費税 Y－法人税
エ X－相続税 Y－消費税

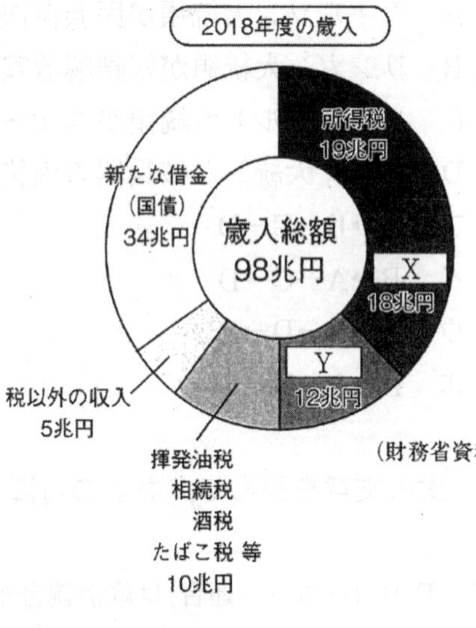

(財務省資料から作成)

(8) 次の文章を読んで，あとの各問いに答えなさい。

日本をはじめとする先進国の平均寿命は伸び続けています。一方で子どもの数は減り続けています。子どもの数が減って人々が長生きするようになれば，人口全体に占める□歳以上の高齢者の割合が上がる少子高齢化が進みます。

□ ① 上記の文中の□にあてはまる数字を答えなさい。

□ ② 前のページの文章中の<u>下線部</u>について，下の資料1，資料2は世界各国の少子高齢化の状況を示す統計である。この統計から読み取れる内容として**誤っているもの**を，次のア～エから1つ選び，記号で答えなさい。

ア　合計特殊出生率が一番高い国は，人口が5か国の中で一番少ない。

イ　アメリカより65歳以上人口率が高い国は，0～14歳人口率が5か国中2番目に低い。

ウ　人口が一番多い国は，フランスと比べ合計特殊出生率も65歳以上人口率も低い。

エ　0～14歳人口率がアメリカより高く，合計特殊出生率がアメリカより低い国は，2か国である。

資料1

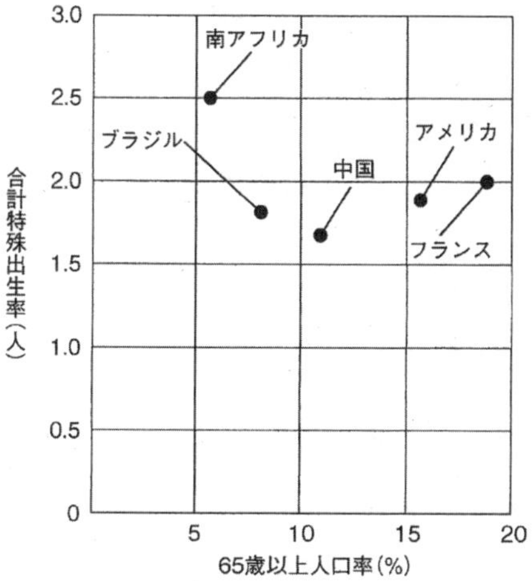

（「世界国勢図会2018/19」から作成）

資料2

	人口（千人）	0～14歳 人口率（%）
アメリカ	326,767	18.9
中国	1,415,046	16.7
ブラジル	210,868	22.7
フランス	65,233	18.2
南アフリカ	57,398	30.1

（「世界国勢図会2018/19」から作成）

出題の分類

1 地理－日本の地理	4 公民－基本的人権
2 地理－世界の地理	5 公民－政治のしくみ
3 日本の歴史－古代～現代	6 公民－経済

▶解答・解説はP.141

時間：50分	
目標点数：80点	
1回目	／100
2回目	／100
3回目	／100

1 次の地図を見て，あとの各問いに答えなさい。

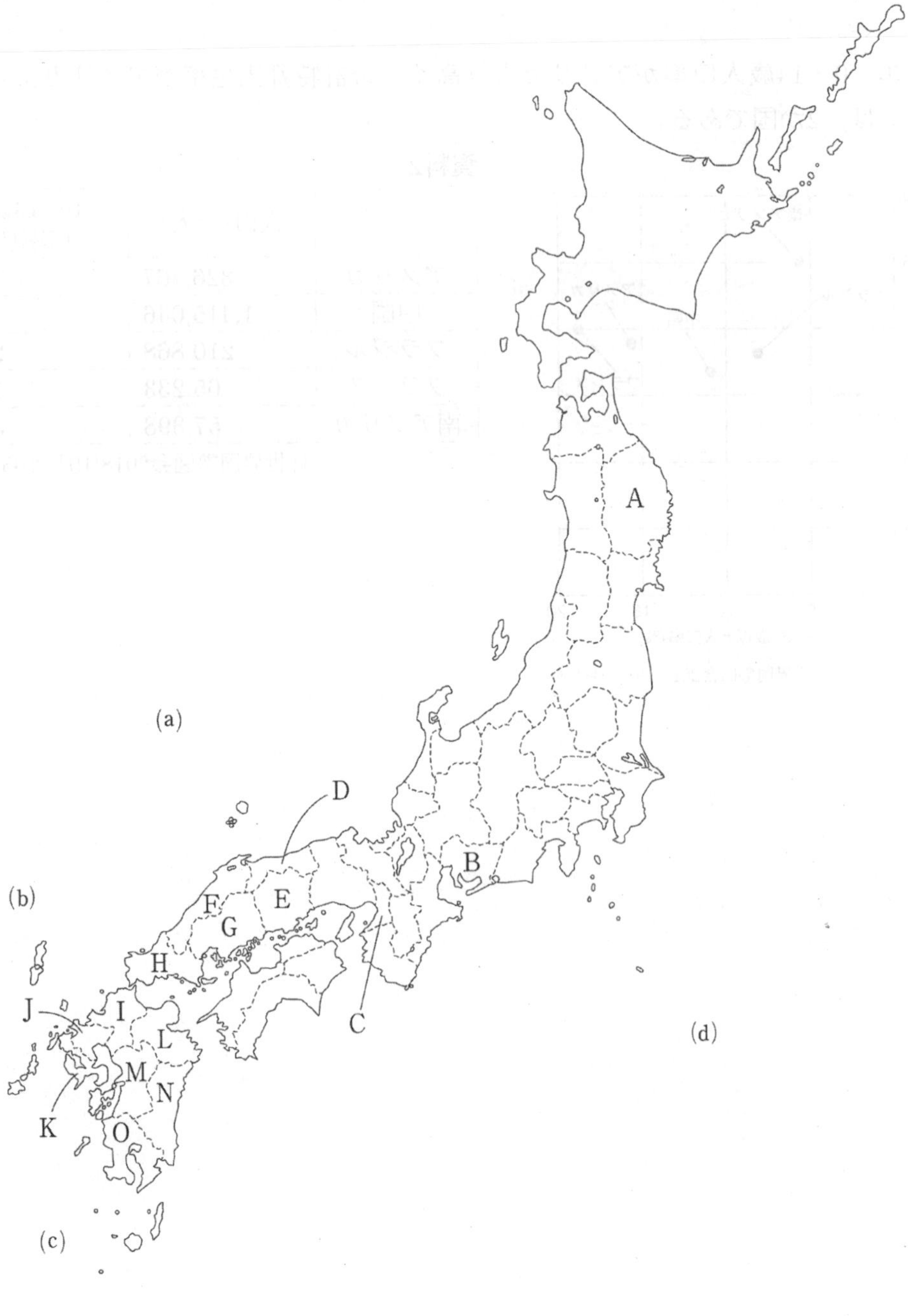

□ (1) 地図中のA県での銘柄米の作付面積のなかで，最も多い品種を次のア～エから1つ選び，記号で答えなさい。

ア コシヒカリ　イ まっしぐら　ウ ひとめぼれ　エ はえぬき

□ (2) 地図中のB県の農業に関して述べた文として，**誤っているもの**を次のア～エから1つ選び，記号で答えなさい。

ア 渥美半島の温室の中では，電灯の光を人工的にあてることで植物の生長を早める促成栽培の方法で菊が栽培されている。

イ キャベツの生産量は全国有数であり，11月から3月に東京や大阪の市場で取り引きされるキャベツはB県のものが多い。

ウ 渥美半島では豊川用水の整備により，都市向けに野菜や花などを栽培する園芸農業がさかんとなった。

エ 渥美半島では，メロンなどがガラス温室やビニールハウスを用いた施設園芸農業で栽培されている。

□ (3) 地図中のC府を中心とした工業地帯に関して述べた文として，**誤っているもの**を次のア～エから1つ選び，記号で答えなさい。

ア 工業用地や工業用水が不足し，工場の排煙による大気汚染や地下水のくみ上げすぎによる地盤沈下などの公害が発生した。

イ 2000年以降，臨海部の工場の跡地や内陸部の広い土地に太陽光発電のパネルや蓄電池を生産する工場がつくられた。

ウ この工業地帯の工業出荷額の内訳では，化学が機械を上回っている。

エ 内陸部には中小企業の工場が数多く集まっており，歯ブラシ・ボタン・自転車のような日常生活にかかわりの深いものがつくられている。

□ (4) 地図中のD県からH県のうち県名と県庁所在地名が異なる県を次のア～オから1つ選び，記号で答えなさい。

ア D県　イ E県　ウ F県　エ G県　オ H県

□ (5) 地図中の県に関して述べた文として，**誤っているもの**を次のア～エから1つ選び，記号で答えなさい。

ア　D県の「水木しげるロード」には，キャラクターの銅像や記念館，漫画関連の商品を販売する店がつくられ注目を集めている。

イ　F県では神話などを題材に舞をまう神楽が受け継がれており，県西部の石見神楽は地元のお祭りであったが，遠方からも訪れる人が増えた。

ウ　G県には世界遺産に登録された原爆ドームや平和記念資料館に国内外から多くの人が訪れる。

エ　H県には縁結びの神様として有名な出雲大社，景勝地として有名な天橋立，武家屋敷として有名な津和野町がある。

□ (6) 地図中の(a)から(d)のうち日韓の領土問題で懸案となっている竹島の大まかな位置を次のア～エから1つ選び，記号で答えなさい。

ア (a)　イ (b)　ウ (c)　エ (d)

□ (7) 地図記号のうち，**誤っているもの**を次のア～カから1つ選び，記号で答えなさい。

ア　保健所～⊕　イ　税務署～　ウ　裁判所～

エ　消防署～　オ　工場～　カ　警察署～⊗

□ (8) 次の表はある果実の県別生産量を示したものですが，表の(　)に該当する県を九州から選び，ア～キの記号で答えなさい。

県名	生産量(t)	%
和歌山	161,100	20.0
愛媛	127,800	15.9
静岡	121,300	15.1
(　　)	84,000	10.4

『日本国勢図会』2018/19より

ア I　イ J　イ K　エ L　オ M　カ N　キ O

2 次の地図を見て，あとの問いに答えなさい。

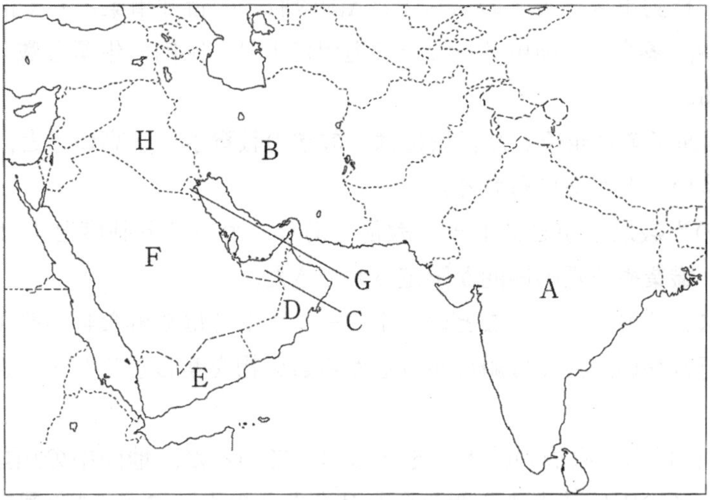

□ (1) 次の表a・bはある農産物の国別の生産量をあらわしているが，a・bに該当する農産物の組み合わせのうち，正しいものをあとのア～カから1つ選び，記号で答えなさい。

a

国名	生産量(千t)
中国	2,402
A国	1,252
ケニア	473
スリランカ	349

b

国名	生産量(千t)
A国	2,402
中国	1,252
アメリカ合衆国	473
パキスタン	349

『日本国勢図会』2018/19より

ア a～葉たばこ b～コーン油 イ a～小麦 b～コーヒー豆
ウ a～羊毛 b～なたね油 エ a～小麦 b～茶
オ a～茶 b～綿花 カ a～綿花 b～茶

□ (2) A国に関して述べた文として，**誤っているもの**を次のア～エから1つ選び，記号で答えなさい。

ア 日本の自動車メーカーのスズキとA国政府との合弁事業として設立された自動車会社の他，多くの自動車メーカーの進出により，国内の生産台数・販売台数は急増している。

イ ICT関連産業が発達した背景には，数学の教育水準が高いこと，英語を話せる技術者が多いことがあげられる。

ウ 人口の半数以上がヒンドゥー教徒であり，カースト制度とよばれる身分制度によって，職業や結婚の範囲が限定されてきた。

エ ダムヌンサドゥアックなどの水上マーケットでは新鮮な野菜や果物を乗せた船が運河を行き交い，人々は船に乗りながら買い物を楽しむことができる。

□ (3) 次の表は日本の原油の輸入先をあらわしているが，地図中のB国からF国の中で，表中のア・イの国に該当する組み合わせをあとのウ～コから1つ選び，記号で答えなさい。

国名	千kL	%
ア	74,984	40.2
イ	45,198	24.2
カタール	13,719	7.3
クウェート	13,208	7.1

『日本国勢図会』2018/19より

ウ ア～B イ～D　エ ア～D イ～B
オ ア～C イ～E　カ ア～E イ～C
キ ア～F イ～D　ク ア～F イ～C
ケ ア～C イ～F　コ ア～F イ～E

□ (4) 地図中のB国からH国の中で，OPECに加盟していない国の正しい組み合わせを次のア～カから1つ選び，記号で答えなさい。

ア B・C　イ C・D　ウ D・E　エ E・F　オ F・G　カ G・H

□ (5) 地図中の国に関して述べた文として，正しいものを次のア～エから1つ選び，記号で答えなさい。

ア B国の大多数の人々はユダヤ教徒であり，朝はモスクからの祈りを呼びかける声で始まり，1日5回，仕事場や学校でも聖地エルサレムに向けて祈りをささげる。

イ C国のドバイでは，砂漠の中に高層ビルなどが建ち並ぶ都市が現われ，豊かな生活をおくる人々が増えている。

ウ D国の面積は日本の約1.2倍であり，プランテーションで天然ゴムや油やし・バナナなどの輸出用の作物が生産されている。

エ F国の工業製品は世界中に輸出されており，F国は「世界の工場」とよばれている。また外国の設備や技術を導入するため，税金を優遇する経済特区が1979年に指定された。

3 次の各問いに答えなさい。

□ (1) 次の資料1は，茨城県石岡市にある舟塚山古墳である。資料1のような形状の古墳の名称を，**漢字5字**で書きなさい。また，資料1のような古墳が多く造られた古墳時代の日本のようすを述べた文として正しいものを，あとのア～エから1つ選び，記号で答えなさい。

資料1

ア 人々は弓矢を使って狩りをし，豊作を願って土偶を作った。

イ 近畿地方の豪族たちが中心となり，大和政権が成立した。

ウ 高野山金剛峯寺を中心として，空海が真言宗広めたを。

エ 浄土信仰(浄土の教え)がさかんになり，阿弥陀堂が各地に建てられた。

□ (2) 次の文は，10世紀に，現在の茨城県にあたる常陸国(ひたちのくに)で乱をおこした平将門(たいらのまさかど)について述べたものである。文中の[a]にあてはまる語を，**漢字4字**で書きなさい。また，桓武(かんむ)平氏の祖に当たる桓武天皇が794年に移した新しい都の名称を，あとのア～エから1つ選び，記号で答えなさい。

> 桓武天皇の子孫の桓武平氏の流れをくむ平将門は，新皇を名のり，乱をおこしたが，平貞盛(さだもり)らによって討たれた。その後，平貞盛の子孫に当たる平清盛(きよもり)は，武士として初めて[a]となり，平氏の全盛期を築いた。

ア 藤原京(ふじわらきょう)　イ 平城京(へいじょう)　ウ 長岡京(ながおか)　エ 平安京(へいあん)

□ (3) 下の資料2は，大阪城跡から発掘された京枡(きょうます)である。安土桃山時代，天下統一を進める豊臣吉秀(とよとみひでよし)は，年貢米を測る枡の大きさを京都で使われていたものに統一した。豊臣秀吉が枡の大きさを京枡に統一した目的を，その利点にふれて，解答欄に合わせて書きなさい。また，安土桃山時代の日本では，豊臣秀吉よりも前に織田信長(おだのぶなが)による政治が行われていたが，織田信長の政治と最も関係の深いできごとを，次のア～エから1つ選び，記号で答えなさい。

ア　刀狩(かたながり)を命じて，農民から刀や鉄砲などの武器を取り上げた。
イ　城下町(じょうかまち)では自由な営業を認めて，商工業の発展を図った。
ウ　勘合(かんごう)を用いて，中国との間で朝貢貿易を行った。
エ　交通の発展のため，西廻(まわ)り航路や東廻り航路が開かれた。

資料2

□ (4) 次のページの資料3は，葛飾北斎(かつしかほくさい)によってえがかれた「富嶽三十六景(ふがくさんじゅうろっけい)」のうち，現在の茨城県潮来(いたこ)市のようすをえがいた「常州牛堀(じょうしゅううしぼり)」である。次の文は，この作品がえがかれたころの文化について述べたものである。文中の[a]にあてはまる語を，**漢字2字**で書きなさい。また，Ⅰ～Ⅲの文は江戸時代後期～末期にかけておこった世界のできごとや外国と日本との関わりについて述べたものである。それらを年代の古い順に並べたものを，あとのア～カから1つ選び，記号で答えなさい。

資料3

> 文化の中心が上方から江戸に移り，庶民を担い手として［ a ］文化が成立した。葛飾北斎のほか，美人画をえがいた喜多川歌麿や，北斎と同じく風景画をえがいた歌川(安藤)広重など，様々な人物が活躍した。また，文学では，川柳や狂歌が流行した。

Ⅰ　アメリカ合衆国において，綿花の栽培や輸出で栄えていた南部と，奴隷制に反対する北部との対立が激しくなり，南北戦争がおこった。

Ⅱ　江戸幕府が，朝廷の許可を得ないまま，不平等条約である日米修好通商条約を締結し，5つの港を開港した。

Ⅲ　三角貿易によってもたらされたアヘンを清が厳しく取り締まると，イギリスと清との間でアヘン戦争がおこった。

ア　Ⅰ→Ⅱ→Ⅲ　　イ　Ⅰ→Ⅲ→Ⅱ　　ウ　Ⅱ→Ⅰ→Ⅲ

エ　Ⅱ→Ⅲ→Ⅰ　　オ　Ⅲ→Ⅰ→Ⅱ　　カ　Ⅲ→Ⅱ→Ⅰ

西暦	できごと
1871	岩倉使節団が横浜を出発する
1873	①西郷隆盛，板垣退助らが政府を去る
1894	②日清戦争がおこる
1898	③日本美術院が結成される
1945	太平洋戦争が終結する
	X
1968	④茨城県民の日が定められる

□ (5)　年表中の下線部①に関連して，西郷隆盛や板垣退助らは，武力で朝鮮に開国をせまる主張をしていた。この主張を何というか。**漢字3字**で書きなさい。

□ (6)　年表中の下線部②に関連して，日清戦争の講和条約を何というか。その名称を書きなさい。また，その講和条約の内容について述べた文として**誤っているもの**を，次のア～エから1つ選び，記号で答えなさい。

ア　旅順・大連の租借権，長春以南の鉄道利権を日本にわたす。
イ　朝鮮の独立を認める。
ウ　清は，賠償金2億両を日本に支払う。
エ　遼東半島，台湾，澎湖諸島を日本にゆずりわたす。

□ (7)　年表中の下線部③に関連して，日本美術院の創設には，茨城県出身の画家である横山大観も参加していた。横山大観が美術の面から近代文化を形成していたころ，福島県出身の右の資料4の人物は，細菌学や黄熱病の研究など，科学の面で世界中から注目を集め，ノーベル生理学・医学賞の候補にもなった。この科学者は誰か。**漢字4字**で書きなさい。

資料4

□ (8)　年表中の下線部④に関連して，茨城県民の日が制定された1968年は，太平洋戦争以来，アメリカ合衆国の施政下に置かれていた小笠原諸島が日本に返還された年である。次の文は年表中の［X］の時期(1945年～1968年)におきたできごとについて述べたものである。文中の［a］にあてはまる語を，**漢字5字**で書きなさい。また，年表中の［X］の時期(1945年～1968年)におきたできごととして正しいものを，あとのア～エから1つ選び，記号で答えなさい。

> 小笠原諸島の日本返還とともに，佐藤栄作内閣の下で，沖縄の日本復帰のための交渉がアメリカ合衆国政府との間で続けられた。その交渉の過程で，佐藤首相は，核兵器を「もたず，つくらず，もちこませず」という［a］を表明した。

ア　日中平和友好条約が締結された。
イ　治安維持法と普通選挙法が制定された。
ウ　日本が国際連合に加盟した。
エ　アイヌ文化振興法が制定された。

4　人権思想の歴史について，あとの各問いに答えなさい。

1215年		1689年		1776年		1789年		1919年		1948年
マグナ・カルタ	➡	権利章典	➡	(A)	➡	(B)	➡	(C)	➡	世界人権宣言

□ (1) 「人間に値する生存」を保障するなど，初めて社会権が認められたのはどれですか。次のア～カから1つ選び，記号で答えなさい。

ア マグナ・カルタ　イ 権利章典　ウ アメリカ独立宣言
エ フランス人権宣言　オ ワイマール憲法　カ 世界人権宣言

□ (2) 前のページの(A)～(C)に入る組合わせとして正しいものを次のア～カから1つ選び，記号で答えなさい。

	A	B	C
ア	アメリカ独立宣言	ワイマール憲法	フランス人権宣言
イ	アメリカ独立宣言	フランス人権宣言	ワイマール憲法
ウ	フランス人権宣言	アメリカ独立宣言	ワイマール憲法
エ	フランス人権宣言	ワイマール憲法	アメリカ独立宣言
オ	ワイマール憲法	アメリカ独立宣言	フランス人権宣言
カ	ワイマール憲法	フランス人権宣言	アメリカ独立宣言

(3) 自由権は，人権獲得の歴史の中で最も早く確保されました。日本国憲法では，自由権を「精神の自由」「身体の自由」「経済活動の自由」の3つに分類しています。次の①～⑤について「精神の自由」にはア，「身体の自由」にはイ，「経済活動の自由」にはウを書きなさい。また，どれにもあてはまらないものにはエを書きなさい。

□ ① 自白を強要されないこと　□ ② 自分の就きたい仕事を選ぶこと
□ ③ 住みたいところに住むこと　□ ④ 自分が信じる宗教を信仰すること
□ ⑤ 労働組合をつくること

5 日本の政治制度について，あとの各問いに答えなさい。

□ (1) 国会の種類について，図中の(A)にあてはまるものを次のア～エから1つ選び，記号で答えなさい。

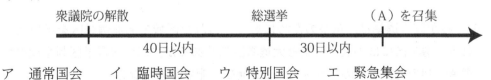

ア 通常国会　イ 臨時国会　ウ 特別国会　エ 緊急集会

□ (2) 衆議院の優越について述べた文として**誤っているもの**を次のア～エから1つ選び，記号で答えなさい。

ア 予算は衆議院が先に審議する。

イ　内閣不信任の決議は衆議院のみで行うことができる。

ウ　条約の承認について，参議院が衆議院と異なった議決をした場合，両院協議会でも意見が一致しないときは，衆議院の議決が国会の議決となる。

エ　内閣総理大臣の指名について，参議院が衆議院と異なった議決をした場合，両院協議会でも意見が一致しないときは　30日を過ぎれば衆議院の議決が国会の議決となる。

□　(3)　次の文章中の(A)に入る言葉として正しいものを，あとのア～エから1つ選び，記号で答えなさい。

地方公共団体の仕事に必要な歳出を得るための歳入には地方税などがあります。この地方税収入の不均衡による地方行政の格差をなくすことを目的に，国は国税の一部を(　A　)として交付しています。

ア　国庫支出金　　イ　地方債　　ウ　国債　　エ　地方交付税交付金

□　(4)　地方自治制度について述べた文のうち，正しいものを次のア～エから1つ選び，記号で答えなさい。

ア　都道府県知事になるには，満25歳以上であることが必要である。

イ　地方にある零細企業を応援したい場合，その企業に寄付をするのがふるさと納税である。

ウ　地方議会にも裁判官の罷免（ひめん）を行う権限が認められているが，その場合，地方裁判所の裁判官に限られる。

エ　地方公共団体の仕事には，警察や消防の仕事も含まれる。

□　(5)　現在の日本の選挙の原則に**あてはまらないもの**を次のア～オから1つ選び，記号で答えなさい。

ア　秘密選挙　　イ　制限選挙　　ウ　平等選挙　　エ　普通選挙　　オ　直接選挙

□　(6)　わが国の選挙は，選挙のためにもうけられた区域である選挙区を単位として行われる。選挙区には小選挙区制と大選挙区制があるが，二つの選挙区制を比べたとき小選挙区制の特徴を次のア～オから**2つ**選び，記号で答えなさい。

ア　大政党に有利で，議会で多数派がつくられやすい。

イ　選挙費用が多くなりがちである。

ウ　政党に投票するので，候補者を応援しにくい。

エ　死票が多くなる傾向がある。

オ　小政党も議会進出の可能性が多くなる。

6　日本経済に関係する各問いに答えなさい。

□　(1)　日本銀行が市中銀行と国債などを売買することで，通貨量を調整することを，公開市場操作といいます。公開市場操作について述べた文として正しいものを，次のア～エから1つ選び，記号で答えなさい。

ア　日本銀行が市中銀行へ国債を売ることで，市中銀行の資金量が増加し，その結果企業などへの貸し出し量が減少する。

イ　日本銀行が市中銀行へ国債を売ることで，市中銀行の資金量が減少し，その結果企業などへの貸出量が増加する。

ウ　日本銀行が市中銀行から国債を買うことで，市中銀行の資金量が増加し，その結果企業などへの貸し出しが増加する。

エ　日本銀行が市中銀行から国債を買うことで，市中銀行の資金量が減少し，その結果企業などへの貸出量が減少する。

□　(2)　日本の戦後経済について述べた文として正しいものを，次のア～エから1つ選び，記号で答えなさい。

ア　中東戦争を引き金に発生した石油危機では物価の上昇を招いたが，経済成長率が低下するほどの影響はなかった。

イ　地価や株価が急激に上昇するバブル経済が発生し，やがて崩壊したが，その後は政府の景気対策もあり高い経済成長が続いた。

ウ　アメリカのサブプライムローンが崩壊したことに始まる世界金融危機の結果，日本では金融危機以降の円高で輸出産業が不振になった。

エ　戦後の日本経済は，高度経済成長を経て，バブル崩壊に至り，石油危機を迎えるという経済局面をたどってきた。

出題の分類

1 地理中心の歴史融合問題	4 公民－憲法・選挙・経済など
2 地理－世界と日本の地理	
3 歴史中心の地理融合問題	

▶ 解答・解説はP.145

時間：50分	
目標点数：80点	
1回目	／100
2回目	／100
3回目	／100

1 次の資料は，日本のある高校の修学旅行の行程表である。これを見て，各問いに答えなさい。

日次	行程	宿泊先
第1日目	学校集合 ──▶ 羽田空港 ━━ 鹿児島空港 ──▶ 南九州市へ移動 「①知覧特攻平和会館」見学 ──▶ 宿泊先	鹿児島市内ホテル
第2日目	宿泊先 ──▶ 鹿児島空港 ━━ 福岡空港 ──▶ クラスごとに福岡県内を見学 ──▶ 福岡市内へ移動 ──▶ 宿泊先	福岡市内ホテル
第3日目	宿泊先 ──▶ 佐賀県へ移動 ──▶「②吉野ヶ里遺跡」見学 ──▶ 長崎県へ移動 ──▶ 宿泊先	長崎市内ホテル
第4日目	宿泊先 ・・・・・・・・・・ 長崎市内班別自由見学 ・・・・・・・・・・ 宿泊先	長崎市内ホテル
第5日目	宿泊先 ──▶ 長崎市内観光 ──▶ 長崎空港 ━━ 羽田空港 ──▶ 学校到着	

【地 図】

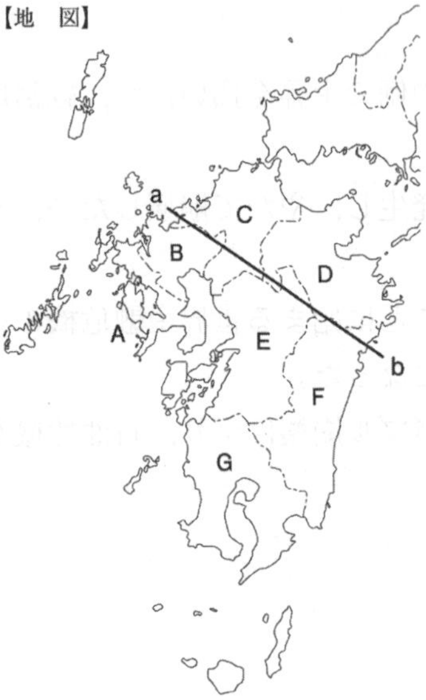

【断面図】

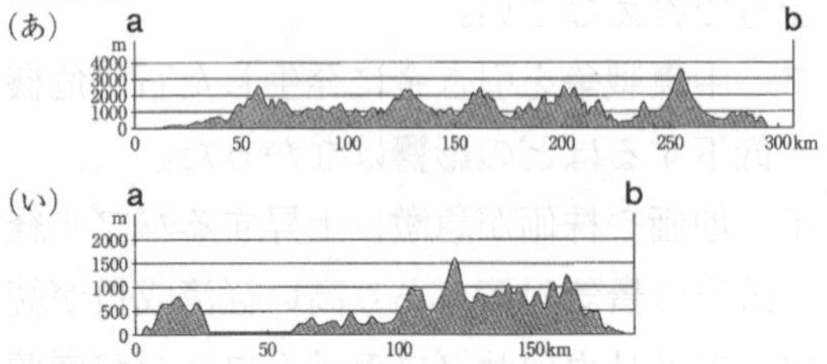

【長崎市内班別自由見学候補地一覧】

平和学習	③長崎原爆資料館・平和公園・浦上天主堂旧鐘楼など
④産業学習	軍艦島・高島炭鉱・グラバー園など
歴史学習	出島・シーボルト記念館・眼鏡橋・⑤オランダ坂・大浦天主堂・孔子廟・崇福寺など
伝統文化体験	龍踊体験学習・吹きガラス体験・長崎料理体験・ハタ作りなど

□ (1) 地図中のA～Gのうち，この修学旅行で訪れた県の組み合わせとして，正しいもの次のア～カから1つ選び，記号で答えなさい。

ア A・B・C・G　イ A・C・D・G　ウ A・B・D・G
エ A・D・E・G　オ A・B・E・G　カ A・C・F・G

□ (2) 地図中の線a－bの断面図とその説明文X・Yの組み合わせとして，正しいものを次のア～エから1つ選び，記号で答えなさい。

X 玄界灘から，日向灘に抜ける。　Y 霧島山などの火山がある。

ア (あ)－X　イ (い)－X　ウ (あ)－Y　エ (い)－Y

□ (3) 次の文章は，九州出身の偉人について述べたものである。あてはまる人物として，正しいものを次のア～オから1つ選び，記号で答えなさい。

> 薩摩藩出身である。討幕運動を指導し，薩長連合や王政復古の実現に努力した。明治政府の参与・参議として版籍奉還や廃藩置県を断行した。岩倉使節団に副使として随行し，帰国後は征韓論に反対した。征韓論を主張した人たちが政府を去った後，内務卿として実権を握り，殖産興業に努めた。1878年に東京で暗殺された。

ア 西郷隆盛　イ 勝海舟　ウ 木戸孝允　エ 大隈重信　オ 大久保利通

□ (4) 下線部①について，知覧特攻平和会館は，太平洋戦争末期に「特攻」と言われる作戦に参加した陸軍特別攻撃隊員の遺品や関連資料を展示した博物館である。太平洋戦争中の出来事Ⅰ～Ⅳを古い順から並べた際に，３番目に来るものを次のア～エから1つ選び，記号で答えなさい。

Ⅰ 学徒出陣が行われた。

Ⅱ ハワイ真珠湾を攻撃した。

Ⅲ 沖縄が米軍によって占領された。

Ⅳ ミッドウェーの海戦に敗北した。

ア Ⅰ　イ Ⅱ　ウ Ⅲ　エ Ⅳ

□ (5) 下線部②について，吉野ヶ里遺跡は弥生時代の代表的な遺跡である。遺跡や古墳から発見されたものについて述べた文として，正しいものを次のア～エから1つ選び，記号で答えなさい。

ア 群馬県の登呂遺跡から磨製石器が発見されたことで，日本にも旧石器時代が存在したことが明らかになった。

イ 秋田県の三内丸山遺跡から，稲をたくわえるための高床倉庫の跡が発掘された。

ウ 銅剣や銅矛など青銅器を作る技術は，稲作とともに中国や朝鮮半島から伝わった。

エ 前方後円墳などの古墳には，円筒型や人物，家屋，馬などの形の土偶が置かれた。

□ (6) 下線部③について，長崎原爆資料館は，核兵器廃絶と恒久平和の実現を世界に訴え続けている博物館である。核兵器に関して述べた次の文X・Yの正誤の組み合わせとして，正しいものをあとのア～エから1つ選び，記号で答えなさい。

X アメリカは，1945年8月6日に長崎に原子爆弾を投下した。

Y 1960年代，米ソの緊張が高まりキューバ危機が起こった。これにより，人類は核兵器による全面戦争の危機に直面した。

ア X－正 Y－正　イ X－正 Y－誤

ウ X－誤 Y－正　エ X－誤 Y－誤

□ (7) 下線部④について，次の表は日本の戦前と戦後の石炭の輸入先を示したものである。表から読み取れる内容について述べた次の文(あ)～(う)のうち，正しいものはいくつあるか。あとのア～エから1つ選び，記号で答えなさい。

戦前		1935年(千トン)	戦後	1990年(千トン)	2016年(千トン)
中国	満州	2 691	オーストラリア	55 736	121 493
	関東州	2	インドネシア	935	32 403
	その他	559	ロシア	8 704	17 964
朝鮮		858	カナダ	19 267	8 305
仏領インドシナ		748	アメリカ	11 546	4 828
南樺太		474	中国	5 214	2 445
ソ連領アジア		46	モザンピーク	…	980
その他		3	コロンビア	120	561
			ベトナム	106	456
			ニュージーランド	290	182
			その他	5 599	115
合計		5 381	合計	107 517	189 732

(二宮書店『地理統計要覧　2018年度版・Vol.58』による)

(あ) 戦前の輸入先の特徴は，その多くが，日本が支配下においた地域であることである。輸入量が最も多い地域は，1910年に併合した地域である。

(い) 1990年，2016年いずれにおいても，全体の過半数をオーストラリアから輸入している。

(う) 1990年と2016年を比較すると，北米からの輸入は大きく減少しているが，アジア地域からの輸入はどの国からも増加している。

ア なし　イ 1つ　ウ 2つ　エ 3つ

□ (8) 下線部⑤について，オランダに関して述べた次の文章の空欄 A ・ B にあてはまる語の組み合わせとして，正しいものをあとのア～エから1つ選び，記号で答えなさい。

> 東はドイツ，南はベルギー，北部・西部は A に面している。海流の影響を受け， B な気候である。ライン川・マース川の三角州と干拓地からできた国土で，国土の4分の1は海面下の標高である。首都はアムステルダムである。

ア　A－黒海　B－寒冷　　イ　A－北海　B－寒冷
ウ　A－黒海　B－温暖　　エ　A－北海　B－温暖

2 次の各問いに答えなさい。

□ (1) 下の写真は，ある国の紙幣である。写真から読み取れることとして，ア～オから，最も適当なものを選び，記号で答えなさい。

A

B

ア　表記された国名から，インドネシアの紙幣であることが分かる。
イ　Aの左下にある獅子の図柄は，国旗にも描かれているものである。
ウ　国王の肖像画が描かれていることから，王のいる国であることが分かる。
エ　複数の言語が書かれていることから，多くの言語が話されている国であることが分かる。
オ　描かれた動物から，仏教を主に信仰する国であることが分かる。

□ (2) 次のページの地図中のA・Bは，ある農産物の生産が盛んなアメリカ合衆国の代表的な州を示している。A・Bで生産が盛んな農産物の組み合わせとして，ア～オから，最も適当なものを選び，記号で答えなさい。

ア　A：小麦　B：とうもろこし　　イ　A：小麦　B：綿花
ウ　A：肉牛　B：小麦　　　　　　エ　A：肉牛　B：綿花
オ　A：綿花　B：とうもろこし

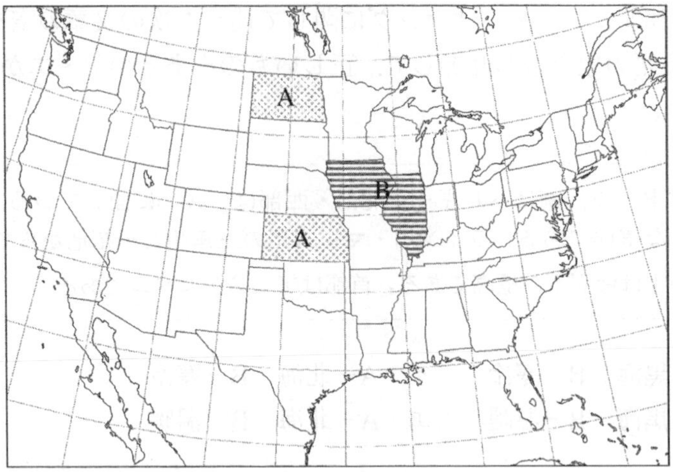

□ (3) 南アメリカ州に暮らす人々に関する記述として，ア～オから，最も適当なものを選び，記号で答えなさい。

ア メスチソと呼ばれる，ヨーロッパ系とアフリカ系との間の混血の人々が暮らしている。

イ ペルーでは，ヨーロッパ系の人々が多数派を占めている。

ウ ボリビアでは，アフリカ系の人々が多数派を占めている。

エ アルゼンチンでは，人々はポルトガル語を公用語としている。

オ ブラジルには，南アメリカ州で最も多くの日系人が暮らしている。

□ (4) 名古屋が2月7日午前11時であるとき，2月6日午後9時である都市として，ア～オから，最も適当なものを選び，記号で答えなさい。

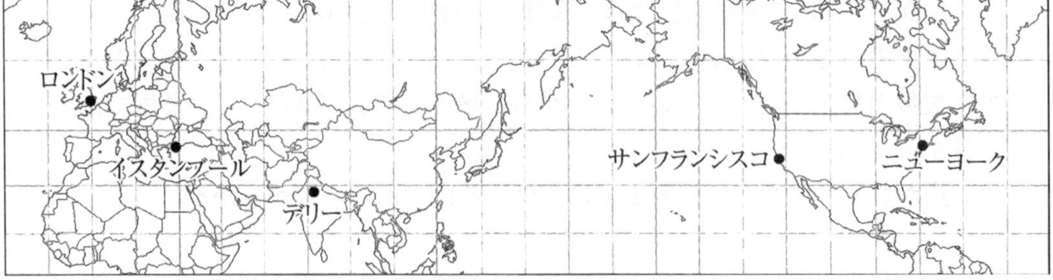

ア ロンドン　　イ イスタンブール　　ウ デリー

エ サンフランシスコ　　オ ニューヨーク

□ (5) 下の地形図において，いちばん標高の高い地点として，地形図中の①～⑤から，最も適当なものを選び，番号で答えなさい。

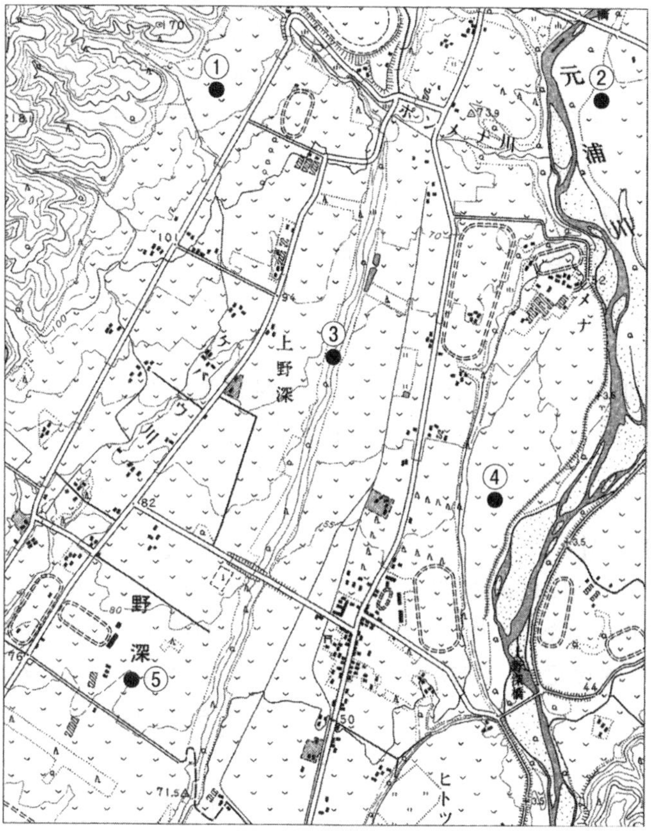

□ (6) 九州地方に関する記述として，ア～オから，最も適当なものを選び，記号で答えなさい。

ア　九州地方は，両岸を暖流の日本海流と千島海流が流れているため，気候は温暖である。

イ　九州地方の人口は，全体的に南部にかたよっている。

ウ　北九州工業地帯では，筑豊炭田の石炭を利用した鉄鋼の生産が盛んである。

エ　熊本県では，1950年代に，四大公害病のひとつが発生し，人々が深刻な被害を受けた。

オ　長崎県の屋久島は，2018年に長崎と天草地方の潜伏キリシタン関連遺産として世界遺産に登録された。

□ (7) 次のページの文章が示す日本の地方として，ア～オの中から，最も適当なものを選び，記号で答えなさい。

> 北は日本海，南は太平洋に面するこの地方の地形は，南北の山地部と中央の低地部に分けることができる。中央の低地部には人口密度の高い地域が広がっており，3つの中心都市がある。これらの都市を中心として各地に鉄道網が広がり，都市圏が作られている。この地方は長いあいだ日本の中心地として発展してきたため，歴史的都市が多く存在している。貴重な文化財も集中しており，6か所の世界文化遺産がある。(2020年現在)

ア　関東地方　　イ　東北地方　　ウ　中部地方
エ　中国・四国地方　　オ　近畿地方

3　桜さんは，仙台に遊びに来る関西在住の親戚のために，県内や市内の遺跡や史跡，名勝の内容を次のA～Fのカードにまとめました。あとの各問いに答えなさい。

> A【縄文の森広場】
> 仙台市太白区山田にある縄文時代の集落跡を保存・活用するために作られた施設。土屋根の［　①　］を復元し，当時の様子を再現している。

> B【定義如来西方寺】
> 平家の一族である平貞能（たいらのさだよし）は，源氏の追討を逃れるべく現在の仙台の地に隠れた。その際に名を「定義」と改めたことが，西方寺本尊の名の由来とされている。

> C【岩切城跡】
> 国指定の史跡となっている岩切城は，南北朝時代から戦国時代にかけての山城である。現在は県民の森として憩いの場となっている。

> D【東照宮】
> 徳川家康を祀り，鬱蒼（うっそう）たる木立の中に鎮（しず）める伊達文化の粋・最高の技を結集した古社。仙台藩の２代藩主伊達忠宗によって創建された。

> E【おくのほそ道の風景地】
> 俳諧（はいかい）を芸術にまで高めた松尾芭蕉が記した『おくのほそ道』に登場する名勝として「壷碑（つぼのいしぶみ）」「興井」「末の松山」「籬が島（まがきがしま）」が文化財指定されている。

> F【仙台城士】
> 伊達政宗が築城。天守閣がなく，天然の要害を利用。$_1$明治維新以後の戦死・戦没者を祀っている護国神社は$_2$仙台城跡にあり，初詣や$_3$七五三等で賑わいを見せている。

(1)　カードAについて，次の各問いに答えなさい。

□　①　カード中の［　①　］に入る住居の名称を答えなさい。

□ ② 下線部の時代の代表的な遺跡で，5500年ほど前から1500年以上続き，最大で500人が住んでいたといわれる，青森市にある遺跡の名称を答えなさい。

(2) カードBについて，次の各問いに答えなさい。

□ ① 下線部に関連して，平清盛は中国との貿易を進めた。その時の中国の王朝名を答えなさい。

□ ② 次の文章は，平清盛の政治について桜さんがまとめたものである。文中の□に入る語を答えなさい。

> 平清盛は武士として初めて政治の実権を握り，□となって一族を朝廷の高い官職などにつけた。

(3) カードCについて，次の各問いに答えなさい。

□ ① 下線部の時代の東アジア世界の様子について説明した次の各文について，その正誤の組合せとして正しいものを，次のア～エから選びなさい。

X 朝鮮半島では，李舜臣が高麗を倒し，朝鮮という国を建てた。

Y 琉球王国が，東アジアと東南アジアの国々とを結ぶ中継貿易で栄えた。

Z 和人の蝦夷地進出に対して，アイヌの人たちはシャクシャインを中心に立ち上がった。

ア X－誤 Y－正 Z－正　イ X－正 Y－誤 Z－誤

ウ X－誤 Y－正 Z－誤　エ X－正 Y－誤 Z－正

□ ② 下線部の時代，京都や奈良などで高利貸しを営んだものとしては，酒屋の他に何があるか，答えなさい。

□ ③ 下線部の時代の文化を代表するものとして正しいものを，次のア～エから1つ選び，記号で答えなさい。

ア 東大寺南大門　イ 東求堂同仁斎

ウ 平等院鳳凰堂　エ 唐獅子図屏風

□ ④ 次のページの資料は，この時代に領国支配のために戦国大名が決まりとして制定したものの一部である。この資料の決まりを定めた大名として正しいものを，あとのア～エから1つ選び，記号で答えなさい。

資料

一　けんかをした者は，いかなる理由による者でも処罰する。 一　許可を得ないで他国へおくり物や手紙を送ることは一切禁止する。 （甲州法度之次第）

ア　朝倉氏　　イ　今川氏　　ウ　上杉氏　　エ　武田氏

□　⑤　次のa～cは下線部の時代のできごとである。年代の古い順に正しく並べているものを，あとのア～カから1つ選び，記号で答えなさい。

a　足利義昭が追放され，室町幕府が滅びる。

b　安土城下で楽市・楽座を行う。

c　長篠の戦いで織田信長が勝利する。

ア　a→b→c　　イ　a→c→b　　ウ　b→a→c

エ　b→c→a　　オ　c→a→b　　カ　c→b→a

(4)　カードDについて，次の各問いに答えなさい。

□　①　下線部の人物は近隣の国々との友好的な外交に取り組み，海外への渡航許可証を大商人や大名に与え，収入の一部を幕府へ納めさせる形で，貿易を幕府の統制下においた。この渡航許可証を何というか，答えなさい。

□　②　下線部の人物は17世紀のはじめに江戸幕府を開いた。17世紀の世界のできごとについて述べた文として正しいものを，次のア～エから1つ選び，記号で答えなさい。

ア　東ローマ帝国が滅んだ。

イ　イギリスでピューリタン革命がおこった。

ウ　スペインがインカ帝国を滅ぼした。

エ　インド大反乱がおこった。

□　③　次の文章は下線部の人物が開いた江戸幕府における体制について桜さんがまとめたものである。文中の□に入る語を答えなさい。

大名には，将軍家の一族である親藩などの大名がいました。伊達政宗は，関ヶ原の戦いの前後に徳川家の家臣となった□大名です。

(5) カードEについて，次の各問いに答えなさい。

□ ① 下線部の人物は江戸時代の前半に活躍し，俳諧を芸術にまで高めた。この時代の文化の特徴について述べた文として正しいものを，次のア～エから1つ選び，記号で答えなさい。

ア 豪華で壮大な，活気あふれる文化。

イ 上方中心の，町人をにない手とする文化。

ウ 公家文化と武家文化が交じり合った文化。

エ 武士や民衆にもわかりやすい文化。

□ ② 次の文章は下線部の人物が活躍したころの文化について桜さんがまとめたものである。文中の□に入る語を答えなさい。

菱川師宣は，町人の風俗をえがき，□の祖となった。

(6) カードFについて，次の各問いに答えなさい。

□ ① 下線部1に関わる下記の一連の改革について，年代の古い順に並べたとき，3番目になるものを，次のア～エから1つ選び，記号で答えなさい。

ア 地租改正　　イ 五箇条の御誓文　　ウ 版籍奉還　　エ 廃藩置県

□ ② 下線部2に関して，仙台市のほか，札幌市や広島市，福岡市などのその地方の政治・経済・文化の中心となっている都市を何というか，答えなさい。

□ ③ 下線部3に関して，次の文章は桜さんがまとめたものである。文中の(A)，(B)に入る語の組み合わせとして正しいものを，あとのア～エから1つ選び，記号で答えなさい。

七五三は（ A ）月に子どもの成長を祝うために行われる日本の年中行事の一つです。そのほかの年中行事として，4月に行われるシャカの生誕を祝福する（ B ）があります。

ア A－11　B－花祭り　　イ A－11　B－お盆

ウ A－3　B－お盆　　エ A－3　B－花祭り

4　次の表は，2019年におこったできごとのいくつかを取り上げたものである。この表を見て，あとの各問いに答えなさい。

イギリスの動向	2016年に行われた①国民投票の結果を受け，イギリスは［A］からの離脱交渉を続けていたが，離脱協定が議会を通過せず，3月29日に予定されていた離脱は延期された。
天皇の退位と即位	5月1日に，新しい天皇が即位し，それまでの天皇は上皇となった。これに先立ち，4月1日には新元号を「令和」とすることが発表された。天皇は，日本国と日本国民結合の［B］として②国事行為を精力的に行なっている。
G20の開催	6月28日，29日に，大阪でG20が開催された，G20は，主要国首脳会議(G7)に参加する7か国に加え，［A］，ロシアや新興国11か国などを加えた枠組みで，③経済や④環境問題などの国際的な課題を話し合う会議である。
参議院議員選挙の実施	7月21日に，⑤参議院議員選挙が実施された。参議院議員選挙は，原則都道府県単位の⑥選挙区選挙で74人，全国を1つの選挙区とする⑦比例代表選挙で50人の議員を選出した。しかし，西日本の⑧豪雨の影響などもあり，⑨投票率は50%をした回った。

□ (1)［A］，［B］にあてはまる語句を，それぞれ答えなさい。

□ (2) 下線部①について，国民投票は，日本でも日本国憲法改正に関して行われることになっている。日本国憲法改正に関して述べた文として正しいものを，次のア～エから1つ選び，記号で答えなさい。

ア　憲法改正は衆議院と参議院の議長が国会に改正案を提出することで始められる。
イ　国会における憲法改正の発議については，衆議院の優越が認められていない。
ウ　憲法改正の発議後に行われる国民投票では，3分の2以上の賛成で改正が決まる。
エ　改正された憲法は，内閣総理大臣が国民の名で公布することになっている。

□ (3) 下線部②について，天皇の国事行為に**ふくまれないこと**を，次のア～エから1つ選び，記号で答えなさい。

ア　内閣総理大臣の任命　　イ　最高裁判所長官の任命
ウ　国会の召集　　エ　弾劾裁判所の設置

□ (4) 下線部③について，経済の3つの主体について述べた次のページの文章中の(X)，(Y)にあてはまる語句を，それぞれ**漢字2字**で答えなさい。

経済の3つの主体とは，（　X　），企業，政府である。政府は，（　X　）や企業が納める税をもとに，社会福祉・公的扶助などの社会保障や，公共事業による道路・港湾・学校といった社会（　Y　）の整備などにあてている。

□ (5)　下線部④について，1997年に地球温暖化防止を話し合う会議が行われ，先進国に温室効果ガスの排出削減を義務づける議定書が結ばれた日本の都市名を答えなさい。

□ (6)　下線部⑤について，参議院議員の被選挙権は何歳以上の国民に与えられているか，**算用数字**で答えなさい。

□ (7)　下線部⑥，下線部⑦について，右の表は，2019年7月に行われた参議院議員選挙で議席を獲得した政党のうち，4つの政党の得票率（全得票に占める政党別の割合）と獲得議席率（全改選議席に占める政党別の割合）を，選挙区選挙と比例代表制選挙に分けて示している。国民の意思の反映という面から見て，比例代表制選挙が選挙区選挙よりも優れている点を，簡単に説明しなさい。

表

政党名	選挙区		比例代表	
	得票率（%）	獲得議席率（%）	得票率（%）	獲得議席率（%）
A党	39.8	51.4	35.4	38.0
B党	15.8	12.2	15.8	16.0
C党	7.4	4.1	9.0	8.0
D党	0.1	0.0	4.6	4.0

（総務省資料をもとに作成）

□ (8)　下線部⑧について，市区町村では，豪雨によってもたらされる洪水の発生しやすい地域などを示し，避難所などの情報を掲載した［　　］マップ（防災マップ）を作成して，防災意識を高める努力を行っている。［　　］にあてはまる語句を，**カタカナ**で答えなさい。

□ (9)　下線部⑨について，近年の日本の選挙の投票率について述べた次の文中の（　）にあてはまる語句として正しいものを，あとのア～エから1つ選び，記号で答えなさい。

近年の日本の選挙では，（　　　）の投票率の方が20%以上低くなっている。

ア　男性よりも女性　　イ　若者よりも高齢者
ウ　女性よりも男性　　エ　高齢者よりも若者

出題の分類

1 地理－世界の地理	4 日本と世界の歴史－近世
2 地理－日本の地理	5 公民－憲法，経済，国際など
3 世界と日本の歴史－近代	6 総合問題－自然災害を題材に

▶解答・解説はP.149

時間：50分
目標点数：80点
1回目　／100
2回目　／100
3回目　／100

1 名古屋市の姉妹友好都市(シドニー，トリノ，南京，メキシコシティ，ランス，ロサンゼルス)を示した次の図をみて，あとの各問いに答えなさい。

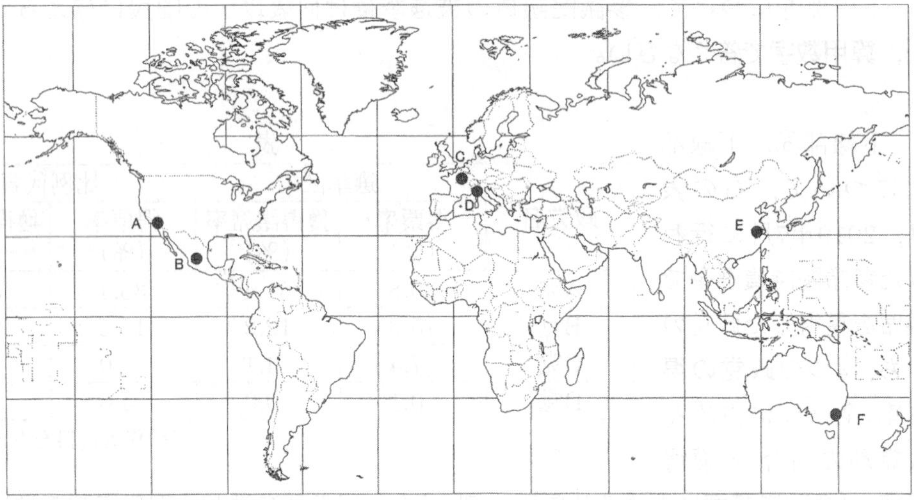

□ (1) 成田を2019年2月5日0時5分出発する飛行機に乗り，所要時間9時間55分でロサンゼルスに到着した。ロサンゼルス到着時の現地日時を答えなさい。但し，午前午後を用いず**24時制**で答えなさい。

□ (2) 下の表のあ～おは，A，B，C，E，Fの都市の1月と7月の平均気温と降水量を示したものである。AとCに該当するものをそれぞれ1つずつ選びなさい。

	あ	い	う	え	お
1月	22.9℃ 79.7mm	2.9℃ 39.5mm	14.0℃ 7.6mm	14.1℃ 72.1mm	2.8℃ 45.9mm
7月	12.5℃ 70.1mm	18.8℃ 64.7mm	17.0℃ 276.9mm	20.7℃ 1.1mm	28.2℃ 216.9mm

気象庁のウェブサイトによる。

□ (3) AとBが属する国を含めた3国により構成され1994年に発効した貿易に関する取り決めを，**アルファベット5文字**で答えなさい。

□ (4) A～Fが属する国のうち，人口が1億人以上の国を，都市の記号を用いて**すべて**答えなさい。

□ (5) 下の表のあ～おは，日本がB～Fが属する国から輸入する上位品目(2017年)を示したものである。EとFが属する国をそれぞれ1つずつ選びなさい。

あ	機械類，衣類，金属製品	い	石炭，液化天然ガス，鉄鉱石	う	機械類，原油，自動車部品
え	たばこ，機械類，バッグ類	お	機械類，医薬品，ぶどう酒		

『日本国勢図会(2018/19)』による

□ (6) Bが属する国と異なる言語が公用語となっている国を，ア～オから1つ選びなさい。

ア アルゼンチン　イ エクアドル　ウ コロンビア
エ ブラジル　オ ペルー

□ (7) 次のア～カの各文は，A～Fが属する国について述べたものである。BとDが属する国にあてはまる文をそれぞれ1つずつ選びなさい。

ア 北部が工業の中心であったが，近年南部のサンベルトを中心に先端技術産業が盛んである。

イ 国土の約3分の1が農地で，食料自給率が高い。発電量のうち原子力が7割以上を占める。

ウ 首都にカトリックの総本山を擁する独立国が存在する。

エ 沿海部と内陸部の経済格差が著しく，経済発展に伴う環境破壊が大きな問題となっている。

オ 国土の中央部を中心に乾燥地域が広がり，東部や南部など温暖な地域に人口が集中している。

カ 国土の大部分が高原である。アステカ文明などが栄え，多くの世界文化遺産に観光客が集まっている。

2 次のA～Dの各文は，日本にある湖沼について述べたものである。それぞれの湖沼に関して，あとの各問いに答えなさい。

A 茨城県南東部に位置する。日本で2番目に大きい湖である。南側に流域面積が国内最大の(　1　)川が流れている。

B 秋田県北部，男鹿半島に位置する。かつては湖であったが1957年以来，堤防を築きポンプで中の水を外に排水する(　2　)という方法で約4分の3が陸地化した。

C 静岡県西部に位置する。もとは淡水湖であったが，大地震と高潮により砂州が決壊し，外海と通じ汽水湖となった。

D 滋賀県中央部に位置する日本最大の湖。工場排水や生活排水により湖水の汚染が進んだが，現在では湖水の浄化が進んでいる。

□ (1) CとDの文に該当する湖沼名を答えなさい。

□ (2) 文中の空欄(1)と(2)にあてはまる語を答えなさい。

□ (3) 右の表は，文中に下線を引いた4つの県の県庁所在地の人口，人口増減率，製造品出荷額等を示したものである。表のあ～えから，茨城県にあてはまるものを1つ選びなさい。

	あ	い	う	え
県庁所在地の人口(千人)	706	342	312	273
2016～17年の人口増減率(%)	−0.33	−0.02	−1.40	−0.43
製造品出荷額等(億円)	162569	73282	12497	112674

統計年次は，県庁所在地の人口は2018年，製造品出荷額等は2016年。
『データでみる県勢(2019)』による。

3 18世紀に起きた3つの革命についての各問いに答えなさい。

□ (1) 次の文章は，アメリカ独立革命について述べたものです。文章中の空欄にあてはまる語句の組合せとして正しいものを次のア～エから1つ選び，記号で答えなさい。

> 北アメリカのイギリス植民地は18世紀に急速に発展しましたが，本国の議会に代表を送ることは認められませんでした。そのような状況の中でイギリス本国の議会は植民地に対して新税を課したため，植民地側は［ A ］をスローガンとして反対運動を展開しました。イギリスがこれを弾圧したため，植民地側は［ B ］を総司令官として独立戦争が始まりました。

ア A:「人民の，人民による，人民のための政治」 B:ワシントン
イ A:「人民の，人民による，人民のための政治」 B:リンカン(リンカーン)
ウ A:「代表なくして課税なし」 B:ワシントン
エ A:「代表なくして課税なし」 B:リンカン(リンカーン)

□ (2) 次の文章は，1776年に発表された独立宣言の部分要約です。この宣言に大きな影響を与えた人物として正しいものをあとのア～エから1つ選び，記号で答えなさい。

> 我々は以下のことを自明の心理であると信じる。人間はみな平等に創られ，ゆずりわたすことのできない権利を神によって与えられていること，その中には生命，自由，幸福の追求が含まれていること，である。

ア ルソー　イ ロック　ウ モンテスキュー　エ ボルテール

□ (3) 独立当初のアメリカ合衆国憲法について述べたものとして，**誤っているもの**を次のア～エから1つ選び，記号で答えなさい。

ア 立法権を連邦議会，行政権を大統領，司法権を連邦最高裁判所とした。

イ 人民主権が明記されたが，黒人やインディアンには認められなかった。

ウ 世界史上で初めて社会権が保障された。

エ 連邦制が採用され，州政府には大幅な自治が認められた。

□ (4) 次のA～Cはフランス革命中に起きたできごとです。古い順に並べたものとして正しいものを次のア～カから1つ選び，記号で答えなさい。

A 国王ルイ16世の処刑　　B フランス人権宣言の発布

C バスティーユ牢獄襲撃事件

ア A→B→C　イ A→C→B　ウ B→A→C

エ B→C→A　オ C→A→B　カ C→B→A

□ (5) ナポレオンの行ったことについて述べたものとして正しいものを次のア～エから1つ選び，記号で答えなさい。

ア ロシア遠征を行い，ロシアを征服した。

イ ヨーロッパの大部分を支配し，各国にアメリカとの通商を禁じた。

ウ 法の下の平等や家族の尊重を定めた民法を制定した。

エ 三部会を招集し，広く民衆の意見を求めた。

□ (6) フランス革命が起きた18世紀末の日本について述べた次の文aとbの正誤の組合せとして正しいものをあとのア～エから1つ選び，記号で答えなさい。

a 松平定信が老中となり寛政の改革を行った。

b 徳川綱吉が儒学を盛んにし，政治の引きしめをはかった。

ア a－正　b－正　イ a－正　b－誤

ウ a－誤　b－正　エ a－誤　b－誤

□ (7) イギリス産業革命について述べたものとして**誤っているもの**を次のア～エから1つ選び，記号で答えなさい。

ア イギリス産業革命は綿工業の技術革新から始まった。

イ イギリスは19世紀には「世界の工場」と呼ばれるようになった。

ウ 動力となった蒸気機関は，交通分野にも転用された。

エ 石油の消費量が急増し，油田開発が進んだ。

□ (8) 産業革命以降のイギリス社会について述べたものとして**誤っているもの**を次のア～エから1つ選び，記号で答えなさい。

ア　資本主義の広がりによって，物が豊かになり，貧富の格差が解消された。
イ　1851年にロンドンで第1回の万国博覧会が開かれた。
ウ　資本主義の発展によって，労働組合の活動が活発になった。
エ　マルクスは自らの著作において資本主義を批判し，社会主義を提唱した。

□ (9) 日本における産業革命について述べた次の文aとbの正誤の組合せとして正しいものを次のア～エから1つ選び，記号で答えなさい。

a　殖産興業政策の一環として官営模範工場が作られた。
b　九州の八幡製鐵(てつ)所や軍艦島(端島)は日本の産業革命を支えた。

ア　a－正　b－正　　イ　a－正　b－誤
ウ　a－誤　b－正　　エ　a－誤　b－誤

4　次の年表を見て，各問いに答えなさい。

年	できごと
1492	(㋐)が西インド諸島に到着する
1498	(㋑)がインド航路を開く
1510	ポルトガルがインドのゴアを占領する
1519	(㋒)隊が，世界一周に出発する
1581	オランダが独立する
1602	オランダ東インド会社ができる

□ (1) 上記年表の空欄に入る語句の組合せとして正しいものを次の①～⑥から1つ選び，番号で答えなさい。

	㋐	㋑	㋒
①	バスコ＝ダ＝ガマ	コロンブス	マゼラン
②	バスコ＝ダ＝ガマ	マゼラン	コロンブス
③	コロンブス	バスコ＝ダ＝ガマ	マゼラン
④	コロンブス	マゼラン	バスコ＝ダ＝ガマ
⑤	マゼラン	バスコ＝ダ＝ガマ	コロンブス
⑥	マゼラン	コロンブス	バスコ＝ダ＝ガマ

□ (2) 年表中の下線部のオランダは，どこの国から独立しましたか。正しいものを次のア～オから1つ選び，記号で答えなさい。

ア イギリス　イ ロシア　ウ スペイン　エ ポルトガル　オ フランス

□ (3) 下のA～Cは年表中の1492年から1602年の間に，日本で起きたできごとです。古い順に並べたものとして正しいものを次のア～カから1つ選び，記号で答えなさい。

A 鹿児島にフランシスコ=ザビエルが到着した。

B 刀狩と検地などによって兵農分離をすすめた。

C 徳川家康が関ヶ原の戦いに勝利した。

ア A→B→C　イ A→C→B　ウ B→A→C

エ B→C→A　オ C→A→B　カ C→B→A

□ (4) ヨーロッパ人のアジア進出によって日本に鉄砲が伝えられました。その鉄砲を用いて織田信長が武田氏の騎馬隊を破った戦いは何という戦いですか。正しいものを次のア～エから1つ選び，記号で答えなさい。

ア 山崎の戦い　イ 桶狭間(おけはざま)の戦い

ウ 関ヶ原の戦い　エ 長篠(ながしの)の戦い

5 次の各問いに答えなさい。

□ (1) わが国の憲法についての記述として，**誤っているもの**を1つ選び，記号で答えなさい。

ア 1945年8月14日，日本はポツダム宣言を受諾し，翌日終戦を迎えた。同年10月，GHQは日本政府に憲法改正を示唆した。

イ 日本国憲法は，1946年11月3日に公布され，翌47年5月3日に施行された。

ウ 日本国憲法前文では，「天皇ハ神聖ニシテ侵スヘカラス」としている。

エ 日本国憲法第1条では，「天皇は，日本国の象徴であり日本国民の統合の象徴であって，この地位は，主権の存する日本国民の総意に基く」としている。

□ (2) わが国の歴代内閣総理大臣についての記述として，**誤っているもの**を1つ選び，記号で答えなさい。

ア　田中角栄首相の日本列島改造論は，1970年代初めに全国に土地ブームをもたらした。しかし，自身の金脈問題により退陣した。

イ　竹下登首相は，1980年代に郵政民営化を実施し，後継者に中曽根康弘を指名後，退陣した。

ウ　小泉純一郎首相は，2002年に日朝首脳会談をおこない，拉致被害者5人を帰国させることに成功した。

エ　安倍晋三首相は，2007年に防衛省を発足させ，国民投票法を成立させた。

□ (3) わが国の裁判についての記述として，**誤っているもの**を1つ選び，記号で答えなさい。

ア　2009年から始められた裁判員制度は，選挙年齢が引き下げられたため，裁判員も18歳から対象年齢となった。

イ　すべての裁判において，三審制を導入している。

ウ　最高裁判所裁判官については，国民審査が取り入れられている。

エ　すべての裁判所に，違憲法令審査権が与えられている。

□ (4) わが国における国民の基本的権利についての記述として，正しいものを1つ選び，記号で答えなさい。

ア　アイヌ民族は，1997年の北海道旧土人保護法においてわが国固有の民族として初めて認められた。

イ　配偶者からの暴力について，その防止と被害者保護の法律は，現在でも制定されていない。

ウ　国連で女性差別撤廃条約が成立したことをうけて，日本では1985年に男女雇用機会均等法が制定された。

エ　障害者の権利は1970年に法律が制定され，障害者の自立や社会参加が進み，就業についても法律で定めた雇用率はすべての分野において満たされている。

□ (5) わが国の憲法改正についての記述として，正しいものを1つ選び，記号で答えなさい。

ア　憲法改正の発議は，衆議院議員の3分の2以上の賛成が必要とされている。

イ　憲法改正の投票権は，国民投票法により，在日外国人にも与えられている。

ウ　国民投票では，投票総数の過半数が賛成であることが必要とされている。

エ　憲法改正が国会で承認された後は，内閣総理大臣が新憲法を公布する。

□ (6) 右の需要曲線と供給曲線の図の説明として，正しいものを1つ選び，記号で答えなさい。

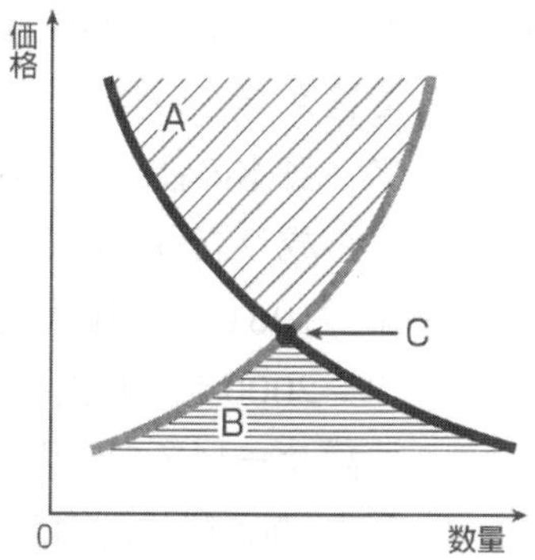

ア この表の右下がりの曲線は供給，右上がりの曲線は需要を表している。

イ 図中Aの領域は，需要が過剰な状態を表している。

ウ 図中Bの領域は，供給が過剰な状態を表している。

エ 図中Cの交点は適正な価格と数量を表している。

□ (7) わが国の消費税について，ア～ウの政策が実施された時の内閣総理大臣の組み合わせとして，正しいものを1つ選び，番号で答えなさい。

ア 1989年，3%の消費税が導入された。

イ 1997年，消費税率が5%（地方消費税1.0%を含む）に引き上げられた。

ウ 2014年，消費税率が8%（地方消費税1.7%を含む）に引き上げられた。

	ア	イ	ウ
1	竹下　登	橋下龍太郎	安倍晋三
2	竹下　登	村山富市	安倍晋三
3	細川護熙	橋下龍太郎	菅　直人
4	細川護熙	村山富市	菅　直人
5	村山富市	鳩山由紀夫	野田佳彦
6	村山富市	菅　直人	野田佳彦

□ (8) わが国の金融政策についての記述として，正しいものを1つ選び，記号で答えなさい。

ア 1996年，政府はペイオフを解禁し，預金については自己責任を強調し，預金者保護はすべてにおいて行わないことを宣言した

イ 1999年，日本銀行は市中銀行に対しての貸出金利を0%とするゼロ金利政策を初めて実施した。

ウ 2016年，日本銀行はマイナス金利政策を実施し，市中銀行が日本銀行に預けている預金の一部に対して利子を支払うようになった。

エ 金融政策は日本銀行が物価の安定を図るために行うもので，政府が行う財政政策とは無関係である。

□ (9) わが国の社会保障制度についての記述として，**誤っているもの**を1つ選び，記号で答えなさい。

ア　日本の社会保障制度は，社会保険，公的扶助，社会福祉，保健医療・公衆衛生から成り立っている。

イ　1961年，「国民皆年金」，「国民皆保険」制度が実現された。

ウ　2000年，介護を必要とする人にサービスを提供する介護保険法が実施され，介護サービスの費用が全額給付されるようになった。

エ　2008年，後期高齢者医療保険が開始され，75歳以上の後期高齢者が保険に加入することとなった。

□ (10) 国際経済についての記述として，正しいものを1つ選び，記号で答えなさい。

ア　NAFTA(北米自由貿易協定)は，貿易や投資の自由化を進め，近年ではアメリカ・カナダ・メキシコに加えチリとアルゼンチンも加盟した。

イ　WTO(世界貿易機関)とは，国際協力による為替の安定化や国際収支の均衡を図るもので，日本も加盟している。

ウ　APEC(アジア太平洋経済協力)とは，この地域の国による友好と経済発展，政治的安定を目的として設立されたが，近年は，オーストラリア，ニュージーランド，インドも加盟した。

エ　TPP(環太平洋戦略的経済連携)とは，2015年に12カ国がほぼ合意をしているが，アメリカの離脱宣言により，11カ国により署名式がおこなわれた。

□ (11) 非核化についての記述として，正しいものを1つ選び，記号で答えなさい。

ア　日本では，非核三原則「もたず，つくらず，もちこませず」が日本国憲法で定められている。

イ　世界では，核兵器を製造せず，取得しないなどの義務を負う核拡散防止条約が1976年に成立しており，現在でも核兵器を保有する国は存在しない。

ウ　世界では，包括的核実験禁止条約により，全ての国において，あらゆる核実験が禁止されている。

エ　安倍晋三首相は，アメリカのトランプ大統領と北朝鮮の非核化に向けて，緊密に連携し，制裁と圧力を維持する考えを一致させた。

□ (12) 環境問題についての記述として，正しいものを1つ選び，記号で答えなさい。

ア 国際的な環境問題への取り組みとして，1972年にスウェーデンで開かれた国連環境開発会議は「持続可能な開発」をスローガンに国連人間環境宣言を採択した。

イ 1997年の京都議定書では，基準年からの削減目標が定められ，アメリカは目標を達成したので，ここからの離脱を表明した。

ウ 世界の文化遺産・自然遺産の保護を目的に世界遺産条約が採択されている。

エ 福島第一原発事故をきっかけに，大量の放射性物質の飛散が人体や農畜産物へ与える影響が検証され，日本政府はその対応策を発表した。

□ (13) 国際連合の本部の所在地として，正しいものを1つ選び，記号で答えなさい。

ア パリ　イ ジュネーヴ　ウ ロンドン　エ ニューヨーク

6 次の文を読み，あとの各問いに答えなさい。

濃い，淡い緑が広がっているはずなのに，地肌の茶色があちこちでむき出しだ。巨大な爪にそこらじゅう引っかかれたかのような北海道厚真町の姿に驚きと恐怖を覚え，助けを待つ人々の無事を祈る。びっしりと植えられた木々の下から，冷たい土が一瞬で表に出てきた。①災害に備える難しさを突きつけられているような最大震度7の②地震である。

近代的でもろさなど感じられなかった関西空港が風と高潮でまひしたばかりだ。自然の災厄の無情な力を連日目のあたりにしている。

これほどの地震が北海道を襲うとだれが想像できただろうか。ただ，かの地では，[A]民族が，災害が多かったことを思わせる物語を口伝えで受け継いできた。現代への警鐘に思える。

③神話では，この地は④洞爺湖などにいる巨大な魚が暴れると地震が起きることになっている。その一つでは，英雄神が苦労して退治するのだが，退治した後に踊ると波が立ち，今度は地滑りが起きた。＜十勝川へ大山津波が下り／わが沙流川も大山津波が下る＞(金田一京助著『[A]文化志』)

[A]語由来の地名にも災害の跡を思わせるものが多いという。[A]文化研究家更科源蔵によれば，札幌を流れる豊平川の「豊平」も崩れた崖という意味だ。

われわれの足元の下には災厄があり，すぐにその恐ろしい顔を見せる。再認識しつつ力を合わせるときだろう。

(「中日春秋」(中日新聞平成30年9月7日付朝刊)より作成)

□ (1) 下線部①について，次の資料1はわが国における平成以降のおもな自然災害の状況を示したもの，資料2(次のページ)は防災関係予算額の推移(すいい)を示したものである。防災関係予算額が最も高い年は何年か，西暦で答えなさい。また，なぜその年の防災関係予算額が高いのか，資料1・資料2から読み取ったことをもとに仮説を立て，答えなさい。

資料1

年　月　日	災害名	死者・行方不明者数
平成　2.11.17～ 7. 6. 3	雲仙岳噴火	44人
5. 7.12	北海道南西沖地震(M7.8)	230人
7.31～ 8. 7	平成5年8月豪雨	79人
7. 1.17	平成7年兵庫県南部地震(阪神・淡路大震災)(M7.3)	6,437人
12. 3.31～13. 6.28	有珠山噴火	―
6.25～17. 3.31	三宅島噴火及び新島・神津島近海地震(M6.5)	1人
16.10.18～ 21	台風第23号	98人
10.23	平成16年新潟県中越地震(M6.8)	68人
17.12 ～18. 3	平成18年豪雪	152人
19. 7.16	平成19年新潟県中越沖地震(M6.8)	15人
20. 6.14	平成20年岩手・宮城内陸地震(M7.2)	23人
22.11 ～23. 3	平成22年11月からの大雪	131人
23. 3.11	平成23年東北地方太平洋沖地震(東日本大震災)(Mw9.0)	22,199人
23. 8.30～23. 9. 5	平成23年台風第12号	98人
23.11 ～24. 3	平成23年の大雪等	133人
24.11 ～25. 3	平成24年の大雪等	104人
25.11 ～26. 3	平成25年の大雪等	95人
28. 8.20	平成26年8月豪雨(広島土砂災害)	77人
26. 9.27	平成26年御嶽山噴火	63人
28. 4.14及び 4.16	平成28年熊本地震(M7.3)	267人

□ (2) 下線部②について，平成30年9月に起きた北海道胆振(いぶり)東部地震の被害として**誤っているもの**を，次のア～エから1つ選び，記号で答えなさい。

ア　液状化現象　　イ　大規模停電　　ウ　土砂崩れ　　エ　津波

資料2

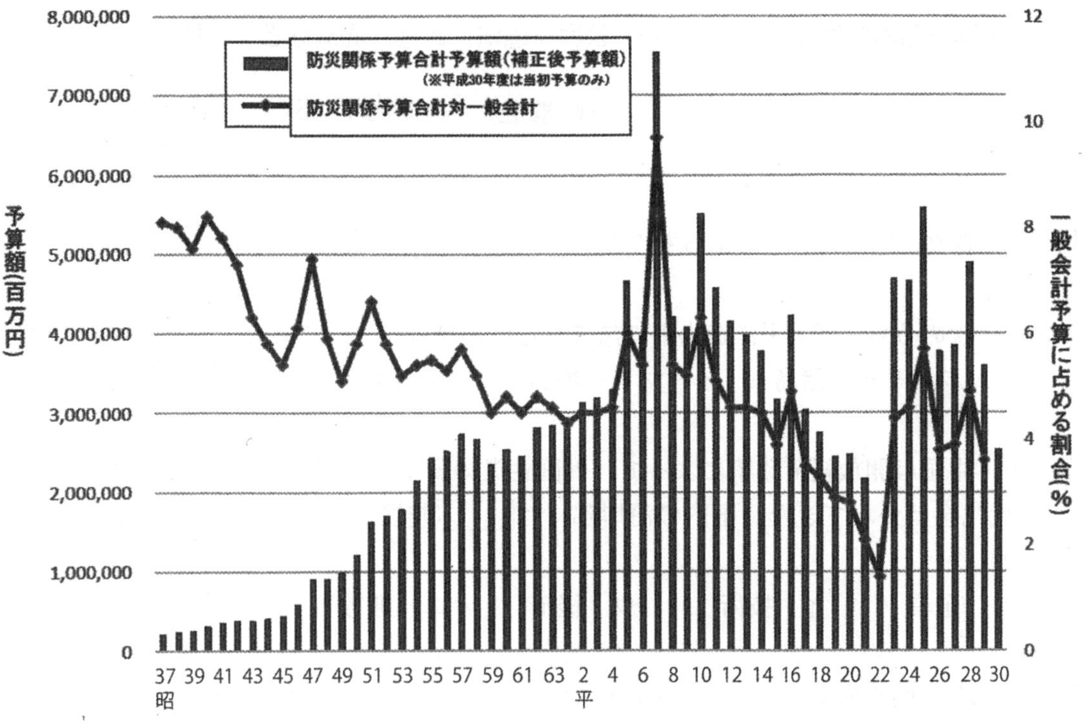

資料1・資料2:『平成30年版防災白書』より作成

□ (3) 下線部③について，奈良時代には神話や伝承などをもとに『古事記』や『日本書紀』などの歴史書が編纂(へんさん)され，律令国家の体制が整えられていった。また地方は，都のあった大和国を中心とした5ヵ国を五畿(畿内)とし，都から地方にのびる幹線道路を基準に全国を7つに区分して七道とした。五畿(畿内)と接していない地域として正しいものを，次のア～エから1つ選び，記号で答えなさい。

ア 山陰道　　イ 西海道　　ウ 東山道　　エ 南海道

□ (4) 下線部④について，洞爺湖は，火山の噴火によってつくられた地形に水がたまってできた湖である。火山活動によりできた地形の例として**誤っているもの**を，次のア～エから1つ選び，記号で答えなさい。

ア 鹿児島湾　　イ 甲府盆地　　ウ 屈斜路湖(くっしゃろこ)　　エ 阿蘇山

□ (5) 文中[A]にあてはまる，樺太(からふと)・千島(ちしま)・北海道に古くから住む民族を何というか，答えなさい。

65 第8回

出題の分類

1 総合問題	4 歴史－原始～近世
2 地理－世界の地理	5 歴史－近・現代
3 地理－日本の地理	6 公民－憲法，政治，経済など

▶解答・解説はP.154

時　間：50分
目標点数：80点

1回目	／100
2回目	／100
3回目	／100

1 次の各文の空欄にあてはまるものをア～エからそれぞれ選び，記号で答えなさい。

□ (1) 次のうち，環太平洋造山帯に**含まれない**地域は［　　］である。
ア　フィリピン諸島　　イ　マレー半島　　ウ　日本列島　　エ　ニュージーランド

□ (2) 中国は開放経済政策によって，外国企業の資本や高度な技術を導入して工業の近代化をはかってきた。国内の沿岸部には［　　］特区と呼ばれる特別区域が設置された。
ア　企業　　イ　技術　　ウ　経済　　エ　開放

□ (3) 青森県や岩手県などの太平洋岸で，初夏の頃にふく冷たい北東風は［　　］と呼ばれる。
ア　からっ風　　イ　モンスーン　　ウ　やませ　　エ　偏西風

□ (4) 氷期には海面が現在よりも100m以上も低く，大陸と日本は陸続きであったが，今からおよそ［　　］ほど前から地球が暖かくなり，海面が上昇することで現在の日本列島ができた。
ア　1万年　　イ　2万年　　ウ　3万年　　エ　4万年

□ (5) 鎌倉時代，元が二度にわたり日本に服属をせまって襲来した際の幕府の執権は，［　　］である。
ア　北条時政　　イ　北条政子　　ウ　北条泰時　　エ　北条時宗

□ (6) 1931年に日本が中国東北部の奉天郊外で鉄道爆破事件を起こし，これをきっかけに行った一連の軍事行動は［　　］と呼ばれる。
ア　盧溝橋事件　　イ　満州事変　　ウ　義和団事件　　エ　日露戦争

□ (7) 著書『法の精神』の中で三権分立を唱えた人物は［　　］である。
ア　ビスマルク　　イ　ロック　　ウ　ルソー　　エ　モンテスキュー

□ (8) テレビや新聞などから発信される情報を，主体的かつ批判的に判断して活用する能力は［　　］と呼ばれる。

ア　メディアリテラシー　　イ　マスメディア
ウ　バリアフリー　　エ　インフォームド・コンセント

2 次の①～⑤の文を読んで，下の各問いに答えなさい。

① 熱帯地域では，山林や草原を焼いてその灰を肥料とする農業が広く行われている。数年で地力が低下してしまうため，別の地域に移動しなければならない。近年は，地力の回復に必要な期間を十分に取らないため，森林の減少や砂漠化の原因にもなっている。

② 乾燥地域などでは，a自然の牧草や水を求めて，家畜とともに一定の地域を移動する牧畜が行われている。たとえば，乾燥地域では羊・ヤギ・馬・ラクダなどが，寒冷地や高地ではチベットで（　A　），［　★　］地方で（　B　），北極海沿岸で（　C　）が飼育されている。

③ イタリアやギリシャでは，夏は高温乾燥に強いレモン・オレンジなどのかんきつ類，ぶどう，オリーブなどを栽培し，温暖湿潤な冬に小麦を栽培する農業が行われている。このような農業は，ヨーロッパ人の移動にともない，b世界各地に広がっていった。

④ アメリカ合衆国西部では，地下水を利用した（　D　）と呼ばれる巨大円形かんがい施設を用いた農業が行われている。やや乾燥した（　E　）付近には，狭い柵（さく）内で多数の子牛を濃厚飼料によって飼育する（　F　）方式の肥育場がみられる。

⑤ ［　★　］山脈中央部では，標高に合わせた農業が行われている。標高が低いところではトウモロコシや小麦が，高いところではジャガイモが栽培されている。ジャガイモは，冬の乾燥と気温の日較差を利用して，足で踏んで水分をしぼり出し，保存食品にされる。

□ (1) ①・③の各文が説明する農業の名前を答えなさい。

□ (2) 下線部aについて，モンゴルで伝統的に使用されている組み立て式テントの名前を答えなさい。

□ (3) 下線部bについて，③の文が説明する農業を行っている地域として**適切でないもの**を，次のア～エから**すべて**選び，記号で答えなさい。

ア　アメリカ合衆国のカリフォルニア州(西海岸)　　イ　チリ中部
ウ　イギリス　　エ　ニュージーランド

□ (4) ②の文中の(A)・(B)・(C)にあてはまる家畜の組み合わせとして正しいものを，次のア～カから1つ選び，記号で答えなさい。

ア	A：リャマ	B：カリブー	C：ヤク
イ	A：リャマ	B：ヤク	C：カリブー
ウ	A：カリブー	B：リャマ	C：ヤク
エ	A：カリブー	B：ヤク	C：リャマ
オ	A：ヤク	B：カリブー	C：リャマ
カ	A：ヤク	B：リャマ	C：カリブー

□ (5) ④の文中の(D)・(E)・(F)にあてはまる語句として正しいものを，次のア～ケからそれぞれ1つずつ選び，記号で答えなさい。

ア グレートプレーンズ	イ 五大湖	ウ 中央平原
エ フロリダ半島	オ センターピボット	カ カナート
キ フィードロット	ク プランテーション	ケ 緑の革命

□ (6) [★]に適する語句を答えなさい。

3 次の文を読んで，下の各問いに答えなさい。

日本の地域は，大都市圏と地方圏の2つに大きく分けることができる。日本の総人口の半数近くは，$_{a}$三大都市圏に分布している。$_{b}$三大都市圏は工業が発展するとともに，政府機関や企業の本社が置かれるなど，さまざまな機能が集中している。特に首都圏の機能集中は著しい。

高度経済成長期には，都市圏への人口集中にともない，地価が上昇したため，東京都八王子市の(　1　)，大阪府豊中市・吹田市の千里，愛知県春日井市の高蔵寺など，$_{c}$郊外にはニュータウンが建設され，多くの住宅がつくられた。一方，近年では生活の便利な都心へのニーズが高まり，繁華街や沿岸部の埋め立て地などでは，高層マンションやオフィスビルを建設する再開発が進められているところもある。

地方圏には，中小都市が広く分布し，$_{d}$県庁所在都市，その地方の複数県に影響をおよぼす札幌・仙台・広島・福岡などの(　2　)都市がある。(　2　)都市には，三大都市圏の都市は含まないのが一般的である。地方では，都市圏などに人口が流出する一方，それをおさえるために$_{e}$独自の産業を発展させたり，都市から企業を誘致したりする動きもみられる。

□ (1) (1)・(2)に適する語句を答えなさい。

□ (2) 下線部aについて，次の表は神奈川県，愛知県，三重県，大阪府の昼間人口，常住夜間人口，昼夜間人口比率を示している。このうち，神奈川県に該当するものを，表中のア～エから1つ選び，記号で答えなさい。

	昼間人口(千人)	常住夜間人口(千人)	昼夜間人口比率
ア	7,586	7,483	101.4
イ	9,224	8,839	104,4
ウ	1,785	1,816	98.3
エ	8,323	9,126	91.2

『日本国勢図会　2019/20』より作成

□ (3) 下線部bについて，三大都市圏に工業が発展した理由として**不適切なもの**を，次のア～エから1つ選び，記号で答えなさい。

ア　海に面しており，外国に製品を輸出しやすかったため。

イ　大都市に隣接しており，市場に商品を届ける輸送費を少なくできるため。

ウ　農業に適している土地が少なく，大規模な工業用地を確保しやすいため。

エ　関連企業が多く集まることで，技術や各種の施設を共同で利用しやすいため。

□ (4) 下線部cについて，これらのニュータウンはどのような問題に直面しているか。「年齢」という語句を用いて，問題点を具体的に書きなさい。なお，指定した語句には下線を引くこと。

□ (5) 下線部dについて，次の表は長野県，鳥取県，高知県，沖縄県の県庁所在地の月別の平均気温と平均降水量を示している。鳥取県の県庁所在地に該当するものを，表中のア～エから1つ選び，記号で答えなさい。

上段は気温の月別平均値(℃)，下段は降水量の月別平均値(mm)

	1月	2月	3月	4月	5月	6月	7月	8月	9月	10月	11月	12月
ア	17.0 107.0	17.1 119.7	18.9 161.4	21.4 165.7	24.0 231.6	26.8 247.2	28.9 141.4	28.7 240.5	27.6 260.5	25.2 152.9	22.1 110.2	18.7 102.8
イ	4.0 202.0	4.4 159.8	7.5 141.9	13.0 108.6	17.7 130.6	21.7 152.1	25.7 200.9	27.0 116.6	22.6 204.0	16.7 144.1	11.6 159.4	6.8 194.0
ウ	0.6 51.1	0.1 49.8	3.8 59.4	10.6 53.9	16.0 75.1	20.1 109.2	23.8 134.4	25.2 97.8	20.6 129.4	13.9 82.8	7.5 44.3	2.1 45.5
エ	6.3 58.6	7.5 106.3	10.8 190.0	15.6 244.3	19.7 292.0	22.9 346.4	26.7 328.3	27.5 282.5	24.7 350.0	19.3 165.7	13.8 125.1	8.5 58.4

『理科年表　2019』より作成

□ (6) 下線部eについて述べた文として**誤っているもの**を，次のア～エから1つ選び，記号で答えなさい。

ア 北海道では，北洋漁業に加えて，栽培漁業，養殖も盛んになり，現在の漁業生産量は30年前に比べて2倍になっている。

イ 青森県では，世界恐慌で養蚕収入が減少したため，桑畑からりんご畑への転作が進み，現在のりんごの生産量が日本一となっている。

ウ 石川県では，加賀藩の保護を受けた九谷焼，加賀友禅，金沢仏壇などの生産が現在でも受け継がれている。

エ 沖縄県では，美しいさんご礁が分布し，ダイビングの場所として人気を集め，多くの観光客をひきつけている。

4 次の略年表を見て，あとの各問いに答えなさい。

年 代	主なできごと	
約1万年前	日本列島が大陸から切り離される。	A
701	大宝律令が制定される。	B
794	平安京に都が移される。	↑ C
1192	源頼朝が征夷大将軍に任命される。	↓
1333	鎌倉幕府が滅亡する。	D ↑ E
1600	関ヶ原の戦いが起こる。	↓↑ F
1867	江戸幕府の第15代将軍の徳川慶喜が，大政奉還を行う。	↓

□ (1) 略年表中のAに関連して，次のⅠ，Ⅱの文は，日本列島が大陸から切り離される以前の旧石器時代における，現在の日本列島やその周辺で暮らしていた人々の様子について述べたものである。Ⅰ，Ⅱの文の正誤の組み合わせとして最も適当なものを，あとのア～エから1つ選びなさい。

Ⅰ 人々は，打製石器を装着したやりなどを使って，ナウマンゾウやオオツノジカなどの大型動物を集団で捕獲していた。

Ⅱ 人々は，洞くつ(岩かげ)などに住みつつ，移動しながら生活していた。

ア Ⅰ：正 Ⅱ：正　　イ Ⅰ：正 Ⅱ：誤
ウ Ⅰ：誤 Ⅱ：正　　エ Ⅰ：誤 Ⅱ：誤

□ (2) 略年表中のBに関連して，右の資料1のような10人の家族の戸籍があった場合，10人のうち，班田収授法にもとづき口分田を与えられるのは何人か。最も適当なものを，次のア～エから1つ選びなさい。

ア　6人　　イ　7人

ウ　8人　　エ　9人

資料1　ある10人の家族の戸籍

・戸主	年四十歳	・子(男)	年十二歳
・父	年六十八歳	・子(女)	年九歳
・母	年十六歳	・子(男)	年七歳
・妻	年三十八歳	・子(男)	年五歳
・子(男)	年十六歳	・子(女)	年一歳

□ (3) 次のⅠ～Ⅲの文は，略年表中のCの時期に起こったできごとについて述べたものである。Ⅰ～Ⅲの文を年代の古いものから順に並べたものを，あとのア～カから1つ選びなさい。

Ⅰ　朝廷内の争いから保元の乱が起こる。

Ⅱ　菅原道真が遣唐使の停止を提言する。

Ⅲ　平将門が朝廷に対して反乱を起こす。

ア　Ⅰ→Ⅱ→Ⅲ　　イ　Ⅰ→Ⅲ→Ⅱ　　ウ　Ⅱ→Ⅰ→Ⅲ

エ　Ⅱ→Ⅲ→Ⅰ　　オ　Ⅲ→Ⅰ→Ⅱ　　カ　Ⅲ→Ⅱ→Ⅰ

□ (4) 略年表中のDに関連して，次の資料2は，鎌倉幕府の滅亡直後から行われた政治に対する落書の一部である。Ⅰ，Ⅱの文は，資料2の落書に関係する政治などについて述べたものである。Ⅰ，Ⅱの文の正誤の組み合わせとして最も適当なものを，あとのア～エから1つ選びなさい。

資料2　鎌倉幕府の滅亡直後から行われた政治に対する落書の一部

此頃都(このごろみやこ)ニハヤル物　夜討強盗謀綸旨(ようちごうとうにせりんじ)　召人早馬虚騒動(めしうどはやうまそらさわぎ)　生頸還俗自由出家(なまくびげんぞくじゆうしゅっけ)
俄大名迷者(にわかだいみょうまよいもの)　安堵恩賞虚軍(あんどおんしょうそらいくさ)　本領(ほんりょう)ハナル丶(ル)訴訟人(そしょうにん)　文書入(もんじょいれ)タル細葛(ほそつづら)
追従讒人禅律僧(ついしょうざんにんぜんりつそう)　下剋上(げこくじょう)スル成出者(なりづもの)　器用(きよう)ノ堪否沙汰(かんぷさた)モナク　モル丶(ル)人ナキ決断所(けつだんじょ)

Ⅰ　資料2の落書は，後醍醐天皇の建武の新政による社会の混乱を批判したものであり，天皇が貴族(公家)を重んじたことから，武士たちは強い不満をもった。

Ⅱ　資料2中の「下剋上」からわかるように，この政治が行われていたときには身分の下の者が上の者に取ってかわる風潮が強まり，各地に戦国大名が出現した。

ア　Ⅰ：正　Ⅱ：正　　イ　Ⅰ：正　Ⅱ：誤

ウ　Ⅰ：誤　Ⅱ：正　　エ　Ⅰ：誤　Ⅱ：誤

□ (5) 略年表中のEの時期に起こったできごととして**適当でないもの**を，次のア～エから1つ選びなさい。

ア 東北地方の日本海側と大坂とを結ぶ西廻り航路が開かれた。
イ 尚氏が沖縄本島を中心に統一し，首里を都とする琉球王国を建てた。
ウ フランシスコ＝ザビエルが，日本にキリスト教を伝えた。
エ 京都の北山には，貴族の文化と禅宗の様式とを融合した金閣が建てられた。

□ (6) 次のⅠ～Ⅲの文は，略年表中のFの時期に起こったできごとについて述べたものである。Ⅰ～Ⅲの文を年代の古いものから順に並べたものを，あとのア～カから1つ選びなさい。

Ⅰ 公事方御定書が制定される。　　Ⅱ 大塩平八郎の乱が起こる。
Ⅲ シャクシャインが，松前藩に対して戦いを起こす。

ア Ⅰ→Ⅱ→Ⅲ　イ Ⅰ→Ⅲ→Ⅱ　ウ Ⅱ→Ⅰ→Ⅲ
エ Ⅱ→Ⅲ→Ⅰ　オ Ⅲ→Ⅰ→Ⅱ　カ Ⅲ→Ⅱ→Ⅰ

□ (7) 次のⅠ～Ⅳの文のうち，略年表中のFの時期に栄えた元禄文化について述べた正しい文はいくつあるか。最も適当なものを，あとのア～エから1つ選びなさい。

Ⅰ 葛飾北斎が，風景などを題材とした浮世絵を描いた。
Ⅱ 尾形光琳が，独自の優美な装飾画を描いた。
Ⅲ 近松門左衛門が，町人らの生活を題材に浮世草子を書いた。
Ⅳ 松尾芭蕉により芸術性が高められた俳諧は，町人や豊かな百姓などに広まった。

ア 一つ　イ 二つ　ウ 三つ　エ 四つ

5 次のA～Eのカードは，社会科の授業で，つよしさんが，「明治時代以降の経済の様子」について調べ，年代の古い順にまとめたものの一部である。これらを読み，あとの各問いに答えなさい。

A	明治時代初め，政府は殖産興業政策を進め，各地に官営模範工場を建設した。また，明治時代後半には，生糸とともに$_a$<u>綿糸</u>が，日本の主な輸出品の一つとなった。
B	大正時代に第一次世界大戦が始まると，造船業などが発達して日本の経済は好景気となり，輸出総額が大幅に伸びた。しかし，$_b$<u>第一次世界大戦が終わると</u>，不景気になっていった。

C

c大正時代後期から昭和時代初めにかけて不景気が続き，1929 年にアメリカ合衆国で発生した世界恐慌の影響が日本に及ぶと，不景気はさらに深刻となった。

D

d太平洋戦争に敗れた日本では，e連合国軍最高司令官総司令部(GHQ)の指令のもと，政治や経済の民主化が進められた。

E

f朝鮮戦争が始まると，アメリカ軍が軍需物資を日本で調達したことから特需景気(朝鮮特需)が発生し，日本の戦後の復興が早まった。

□ (1) Aの文中の下線部aに関連して，右の資料は，明治時代の日本の綿糸の生産量，輸出量，輸入量及び綿糸を生産する紡績会社数の推移を示したものである。次のⅠ，Ⅱの文は，資料から読み取れることなどについて述べたものである。Ⅰ，Ⅱの文の正誤の組み合わせとして最も適当なものを，あとのア～エから1つ選びなさい。

資料　綿糸の生産量，輸出量，輸入量などの推移

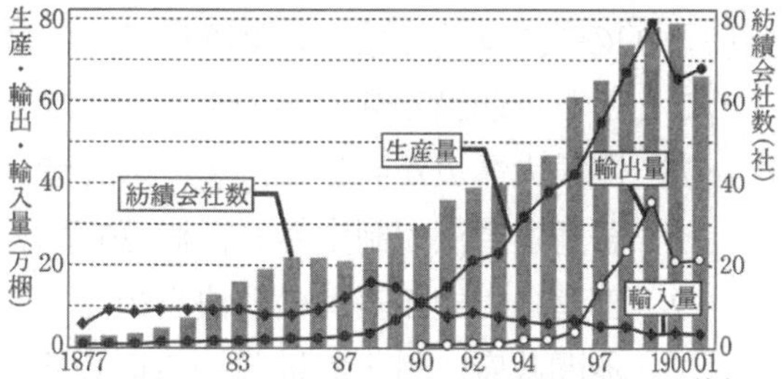

(注)「梱」は，綿糸などの重量の単位。

(「内外綿業年鑑昭和８年」などより作成)

Ⅰ　日清戦争が始まった1894年には，日本の綿糸の輸出量は，綿糸の輸入量を上回っていた。

Ⅱ　国会開設の勅諭が出された1881年から，最初の帝国議会が開催された1890年までで，日本の紡績会社数は10倍以上に増加した。

ア　Ⅰ：正　Ⅱ：正　　イ　Ⅰ：正　Ⅱ：誤

ウ　Ⅰ：誤　Ⅱ：正　　エ　Ⅰ：誤　Ⅱ：誤

□ (2)　Bの文中の下線部bに関連して，次の文章中の[Ⅰ]，[Ⅱ]にあてはまる語の組み合わせとして最も適当なものを，あとのア～エから1つ選びなさい。

> 第一次世界大戦後の1919年，中国で[Ⅰ]が起こった。また，第一次世界大戦後の1920年，アメリカ合衆国大統領の[Ⅱ]の提唱にもとづき国際連盟が設立された。

ア　Ⅰ：五・四運動　Ⅱ：ウィルソン
イ　Ⅰ：五・四運動　Ⅱ：ローズベルト
ウ　Ⅰ：三・一独立運動　Ⅱ：ウィルソン
エ　Ⅰ：三・一独立運動　Ⅱ：ローズベルト

□ (3)　Cの文中の下線部cに関連して，この時期の 1920 年代に日本国内で起こったできごととして**適当でないもの**を，次のア～エから1つ選びなさい。
ア　関東大震災が発生し，多くの死者・行方不明者が出た。
イ　普通選挙法が制定され，満 25 歳以上のすべての男性に選挙権が認められた。
ウ　部落に対する差別の解決をめざして，全国水平社が結成された。
エ　藩閥政府に対する批判から憲政擁護運動（護憲運動）が起こり，民衆の力により内閣が倒された。

□ (4)　Dの文中の下線部dに関連して，太平洋戦争は1941年，日本軍がイギリス領の[　　]に上陸したことと，アメリカ合衆国のハワイの真珠湾の海軍基地を攻撃したことから始まった。[　　]にあてはまる地域として最も適当なものを，右の図中のア～エから1つ選びなさい。

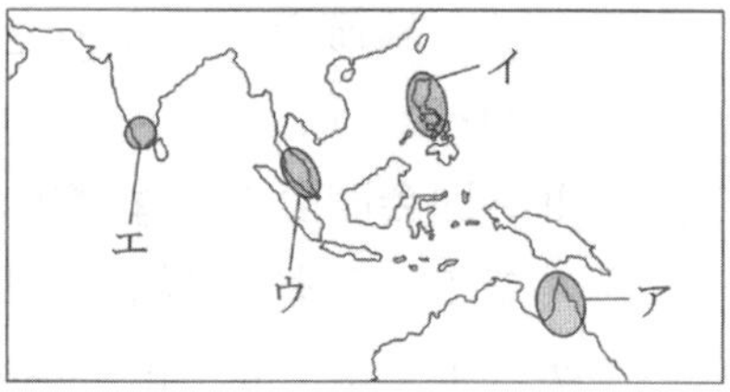

□ (5)　Dの文中の下線部eに関連して，次のⅠ～Ⅳのうち，連合国軍最高司令官総司令部（GHQ）の指令にもとづいて行われた民主化のための政策について述べた文はいくつあるか。最も適当なものを，あとのア～エから1つ選びなさい。
Ⅰ　義務教育などを方針とする学制を制定した。
Ⅱ　日本の復興をすすめるため，沖縄を日本に復帰させた。
Ⅲ　政府が議会の承認なく労働力などを動員できる国家総動員法を制定した。
Ⅳ　農地改革により地主制を廃止し，地主の土地を小作人に安く売り渡した。
ア　一つ　　イ　二つ　　ウ　三つ　　エ　四つ

□ (6) Eの文中の下線部fに関連して，次のⅠ～Ⅲの文は，朝鮮戦争の開始以降に起こったできごとについて述べたものである。Ⅰ～Ⅲの文を年代の古いものから順に並べたものを，あとのア～カから1つ選びなさい。

Ⅰ 石油危機が発生し，日本の高度経済成長が終わった。

Ⅱ 日本の国民総生産（GNP）が，資本主義諸国の中で第2位に上がった。

Ⅲ 日本で地価・株価などが高騰するバブル経済（景気）が起こった。

ア Ⅰ→Ⅱ→Ⅲ　イ Ⅰ→Ⅲ→Ⅱ　ウ Ⅱ→Ⅰ→Ⅲ

エ Ⅱ→Ⅲ→Ⅰ　オ Ⅲ→Ⅰ→Ⅱ　カ Ⅲ→Ⅱ→Ⅰ

6 次の文章を読んで，下の各問いに答えなさい。

2014年，安倍晋三①内閣は「まち・ひと・しごと創生(そうせい)法」を制定し，②人口の減少に歯止めをかけるとともに，東京を中心とした首都圏への人口の過度の集中を是正(ぜせい)し，地域がより活性化することを目指しました。地方の「しごと」が「ひと」をよび，「ひと」が「しごと」をよび込む，その流れがまちの活力を取り戻すというものです。そのためにも「地方で③会社をつくりたい」，「自然豊かな地方で子育てをしたい」，「親の介護をしながら働き続けたい」といった④若者・女性・高齢者などの希望をかなえるための支援が必要になります。また，人口減少にともなう⑤労働力の減少を補(おぎな)うために外国人人材を積極的に活用する考え方があり，実際に⑥地方公共団体の職員として外国人を採用する例も増えています。さらに，地方公共団体の収入が増えることも必要です。2007年に，人々が国へ納める⑦税金をを減らすかわりに都道府県や市町村へ納める地方税を増やす税源移譲(いじょう)がおこなわれました。最近では，住民税の一部を，納税者が選択する地方公共団体にまわすことができる「ふるさと納税」制度によって，収入を増やす市町村もあります。収入が増えると，⑧社会保障や教育などの⑨公共サービスを充実させることにつながります。

「地方創生」に向けた取り組みは，地域の活性化のみならず，持続可能な社会を形成していくことにもつながります。これらを⑩日本の新たな魅力として世界に発信していくことが期待されています。

□ (1) 下線部①について，この説明として正しいものを，次のア～エから1つ選び，記号で答えなさい。

ア 裁判官をやめさせる弾劾裁判所を設置できる。

イ 政治全般について調査する国政調査権をもっている。

ウ 衆議院の総選挙がおこなわれたときは必ず総辞職する。

エ 最高裁判所長官とその他の裁判官を任命する。

□ (2) 下線部②について，1人の女性が一生の間に生む子どもの平均人数を示す語句を何というか，**漢字7字**で答えなさい。

□ (3) 下線部③について，企業の説明として**誤っているもの**を，次のア～エから1つ選び，記号で答えなさい。
ア 日本の事業所数は，大企業よりも中小企業の方が多い。
イ 資本主義経済のもとでは，すべての企業が利潤の追求だけを目的としている。
ウ 独自のアイデアをもとに新たに事業をおこす企業をベンチャー企業という。
エ 教育や文化，環境保全などの社会貢献活動をおこなう企業がある。

□ (4) 下線部④について，若者の政治参加を促(うなが)すために2016年から選挙権年齢が満18歳以上に引き下げられました。日本の選挙に関する説明として正しいものを，次のア～エから1つ選び，記号で答えなさい。
ア 一定年齢以上のすべての国民が選挙権を得るという原則を平等選挙という。
イ 小選挙区制では，投票率が高ければ高いほど死票が少なくなる。
ウ 選挙の定数を変更する場合，日本国憲法の改正が必要になる。
エ 選挙における「一票の格差」を最高裁判所は違憲状態としたことがある。

□ (5) 下線部⑤について，労働に関する説明として正しいものを，次のア～エから1つ選び，記号で答えなさい。
ア 労働基準法には，労働者と使用者は対等であると定められている。
イ 労働組合法には，ワーク・ライフ・バランスの充実が定められている。
ウ 労働関係調整法には，男女同一賃金が定められている。
エ 育児・介護休業法には，女性だけが育児休業を取得できると定められている。

□ (6) 下線部⑥について，この説明として**誤っているもの**を，次のア～エから1つ選び，記号で答えなさい。
ア 政策の是非(ぜひ)を問う住民投票には法的拘束(こうそく)力がある。
イ 議会は首長の不信任決議をおこなうことができる。
ウ 市長の被選挙権は満25歳以上の国民にあたえられる。
エ 条例は，法律の範囲内で自由に制定できる。

□ (7) 下線部⑦について，この説明として**誤っているもの**を，次のア～エから1つ選び，記号で答えなさい。

ア 税金を納めることは日本国民の義務である。

イ 日本は，租税収入に占める間接税の割合が6割を超えている。

ウ 消費税の一部は地方公共団体の収入になる。

エ 所得税は，税を負担する人と納める人が同じである。

□ (8) 下線部⑧について，この説明として正しいものを，次のア～エから1つ選び，記号で答えなさい。

ア 20歳以上のすべての国民が厚生年金に加入する。

イ 日本の制度は，社会保険と公的扶助の2つを基本的な柱としている。

ウ 社会保障給付費の財源の約7割は公費負担である。

エ 国の歳出では，国債費より社会保障関係費の割合が大きい。

□ (9) 下線部⑨について，これを提供する公務員に関する説明として**誤っているもの**を，次のア～エから1つ選び，記号で答えなさい。

ア 日本国憲法には，憲法を尊重し擁護(ようご)する義務があると定められている。

イ 退職後，在職中の仕事に関連する企業に再就職する問題が指摘(してき)されている。

ウ 公務員を罷免(ひめん)することは，国民固有の権利である。

エ 「小さな政府」の考え方に基(もと)づくと，公務員の許認可権が増える。

□ (10) 下線部⑩について，国際社会における日本の説明として正しいものを，次のア～エから1つ選び，記号で答えなさい。

ア 京都議定書をまもるためにパリ協定から離脱(りだつ)した。

イ 国際連合の安全保障理事会において拒否権をもっている。

ウ 韓国との領土問題を国際司法裁判所に訴えたことがある。

エ ODA(政府開発援助)額は世界で最大である。

出題の分類

時間	：50分
目標点数	：80点

1 地理－世界の地理
2 地理－日本の地理
3 歴史－古代～近世
4 歴史－近・現代
5 公民－人権，政治，国際など

▶解答・解説はP.158

1回目	/100
2回目	/100
3回目	/100

1 次の文章を読んで，あとの各問いに答えなさい。

翔太君は，夏休みを利用して①ブラジルへ海外旅行に出かけた。ブラジルは，日本から，ちょうど地球の裏側にあたる場所に近い。まず名古屋から千葉県の成田に向かい，成田空港からブラジルの②サンパウロまで行った。その途中，③中国の上空を通過し，中東の④ドバイで乗り継いでサンパウロの空港に到着した。出発から到着までの航路はおよそ2万kmで，25時間ほどのフライトであった。

□ (1) 下線部①について述べた文のうち，**適当でないもの**を，次のア～エから1つ選び，記号で答えなさい。
ア この国では，中南米で唯一ポルトガル語が公用語となっている。
イ この国には，中南米のなかでもっとも多く日系人が生活している。
ウ この国では，コーヒー豆を，世界でもっとも多く生産している。
エ この国では，メスチソとよばれる混血が，人口の8割以上をしめている。

□ (2) 下線部②について述べた文のうち，適当なものを，次のア～エから1つ選び，記号で答えなさい。
ア この都市は，現在，ブラジルの首都で，政治，経済の中心となっている。
イ この都市は，人口や都市域などで，リオデジャネイロに次ぐブラジル第2の都市である。
ウ この都市は，アマゾン川の中流域にあり，河川交通の中心都市となっている。
エ この都市は，ほぼ南回帰線上にあり，気候は温暖で日本とは季節がちょうど逆となる。

(3) 下線部③について，中国と国境を接する国について述べた，次のA・Bの文を読み，それぞれどこの国を説明しているか，国の名を答えなさい。
□ A この国の北部はヒマラヤ山脈となっており，国民の多くがヒンドゥー教徒である。また，仏教の創始者シャカの生誕地もあり，仏教徒も少なくない。

□　B　この国の国土は南北に細長く，最近はめざましい経済発展を遂げているが，南部には大きな河川の三角州が広がり，世界でも有数の米作地帯となっている。

(4)　下線部④について，次の問いに答えなさい。

□　i）　この都市のある国の名を答えなさい。

□　ii）　ドバイ空港のように，多くの路線が乗り入れ，乗客の乗り継ぎや貨物の積み替えの拠点となっている空港を何というか答えなさい。

□　(5)　このフライトで，明らかに**通過しない**と考えられる場所を，次のア～エから1つ選び，記号で答えなさい。

ア　大西洋　　イ　アンデス山脈　　ウ　ルブアルハリ砂漠　　エ　アフリカ大陸

2　日本の地理に関するあとの各問いに答えなさい。

□　(1)　次の図は，中部地方の3つの都市，石川県輪島市，岐阜県高山市，岐阜県岐阜市の月平均気温と月降水量を示している。これらのうち，岐阜県高山市に該当するものを，次のア～ウから1つ選び，記号で答えなさい。

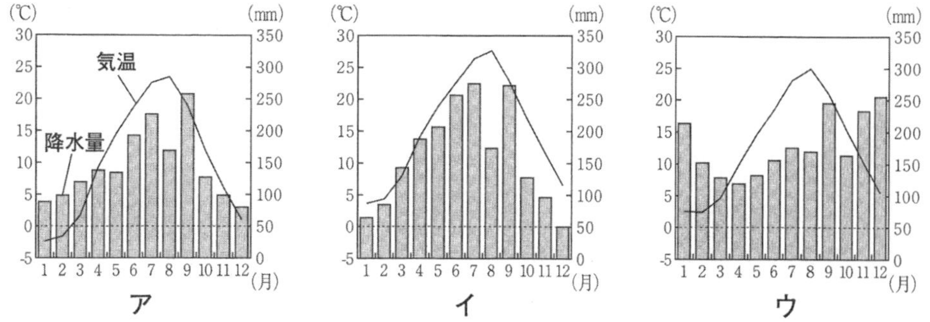

『理科年表　平成30年版』より作成

□ (2) 次の図は，ある工業製品を製造する工場の所在地を示している。その工業として適当なものを，あとのア～エから1つ選び，記号で答えなさい。

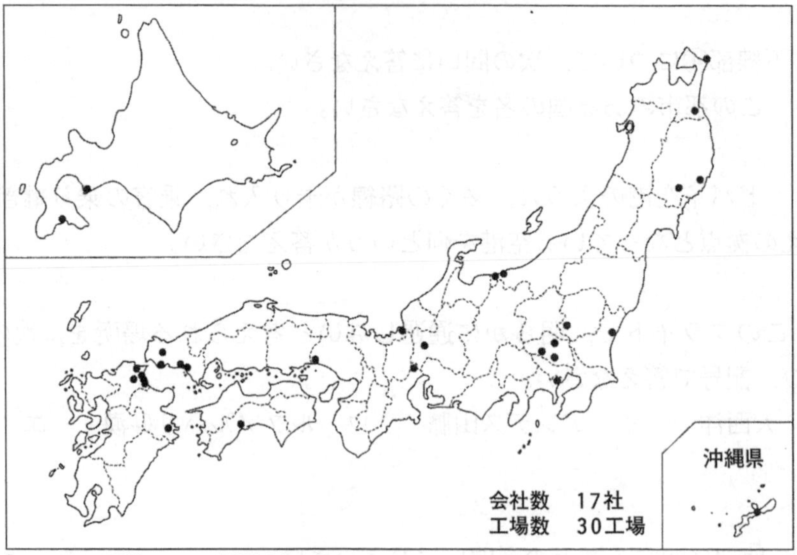

『データでみる県勢 2018年版』より作成

ア セメントの生産
イ 半導体の生産
ウ 自動車の組み立て
エ 製鉄

□ (3) 次の図は，各都道府県の農業生産額にしめる米，野菜，果実，畜産の生産額の割合を示している。このうち，野菜，及び畜産を示しているものを，次のア～エからそれぞれ1つずつ選び，記号で答えなさい。

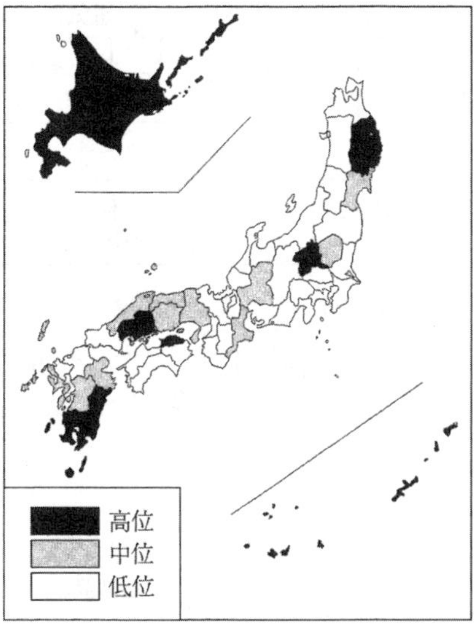

ア

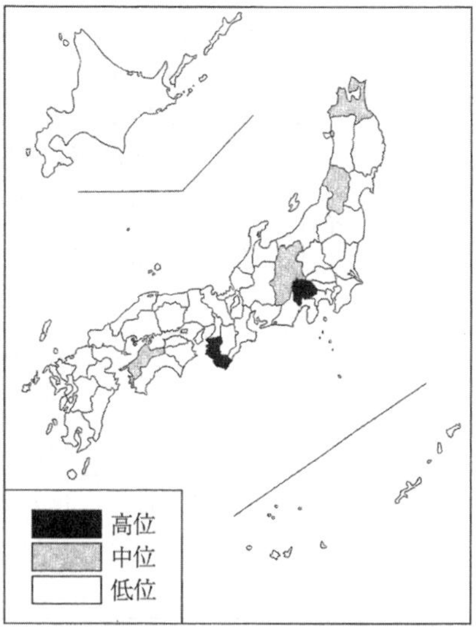

イ

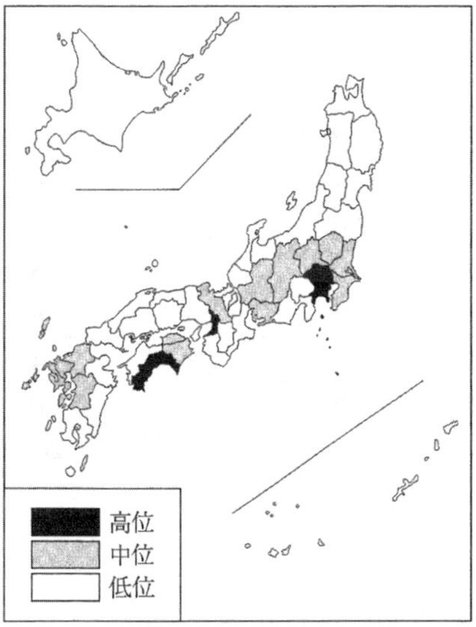

ウ

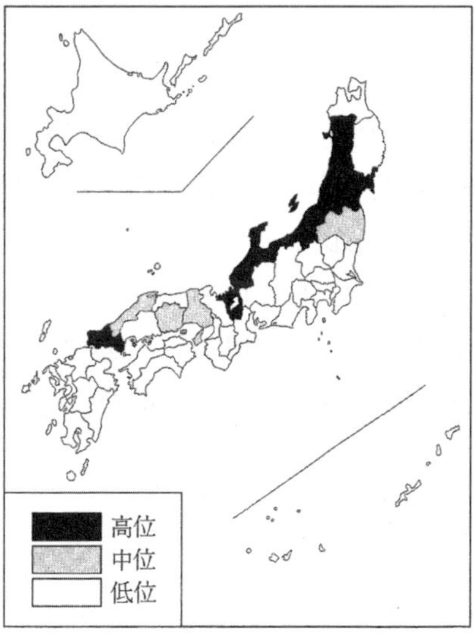

エ

『データでみる県勢　2018年版』より作成

□ (4) 次の図は，秋田県，千葉県，東京都，愛知県，鹿児島県の製造品の出荷額の割合を示している。このうち，千葉県，及び鹿児島県を，次のア～オからそれぞれ1つずつ選び，記号で答えなさい。

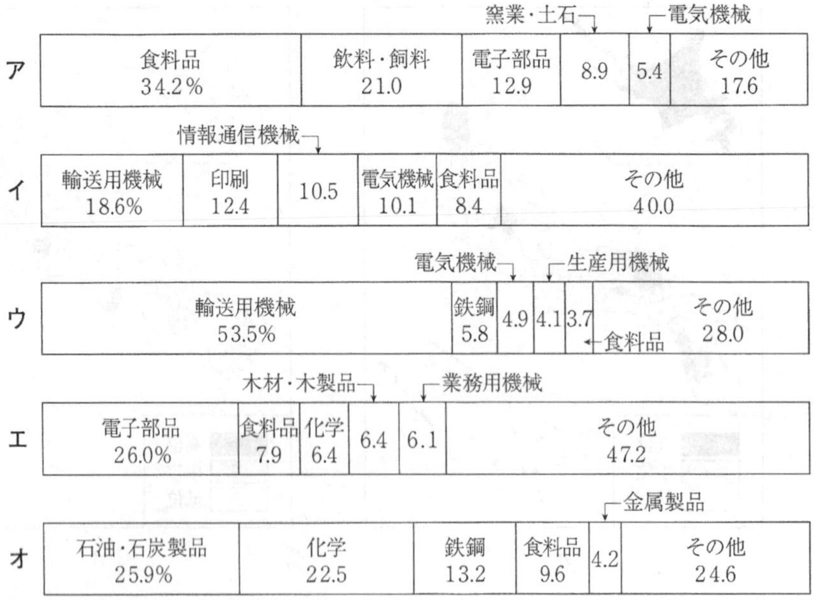

『データでみる県勢　2018年版』より作成

□ (5) 右の表は，北海道，青森県，千葉県，長野県，兵庫県，鹿児島県の観光レクリエーション施設などの数を示している。このうち青森県，及び兵庫県を，右のア～カからそれぞれ1つずつ選び，記号で答えなさい。

	ゴルフ場	スキー場	海水浴場	温泉地数
ア	158	0	65	94
イ	76	79	0	224
ウ	30	0	55	100
エ	153	30	48	245
オ	15	8	24	133
カ	159	13	40	80

『データでみる県勢　2018年版』より作成

3 仏教文化に関する次の文章を読み，あとの各問いに答えなさい。

仏教は6世紀の半ばに，倭(日本)へ伝えられたとされる。伝来した年は，①厩戸王(聖徳太子)の伝記である『上宮聖徳法王帝説』によれば538年，『日本書紀』によれば552年とされるが，いずれの史料も当時倭とさかんに交流していた(A)の王が仏像や経典を送ってきたことを記している。仏教の受容をめぐっては大王や豪族の間での対立・争乱があったものの，7世紀以降の②朝廷ではおおむね仏教が受け入れられ，③豪族層を中心に広まっていった。

仏教の伝来について考える際には，その教えだけでなく，仏教とともに伝わってきた建築や④絵画，彫刻などの文化・技術も重要である。例えば，法隆寺は⑤朝鮮半島の建築様式を受け継いでおり，寺の建立に⑥渡来人が携わっていたことを示している。また，法隆寺金堂の釈迦如来像の表情に見られるアルカイック・スマイルは，⑦古代ギリシャ彫刻の影響を受けているとも言われ，仏像の頭上をおおう天蓋には⑧中央アジアに由来する唐草文様が描かれている。

仏教は人々の食生活にも影響を与えた。奈良時代のころから人々は豚や牛といった獣の肉は食べなくなる。このような仏教の戒律に基づいてつくられた料理は精進料理とよばれ，豆腐や⑨めん類など今日の和食の基礎をつくっている。また，鎌倉時代に（　B　）が薬用として伝えた⑩茶も，彼が説く禅宗の教えとともに人々の生活へ広まっていった。武士を中心に信仰された禅宗は幕府に保護されて発展したが，室町幕府は⑪明との外交や貿易を禅僧に頼っていた。その過程で宋の建築様式が⑫禅宗様として取り入れられ，また，本来禅僧の修行として描かれてきた水墨画が明で学んだ（　C　）によって大成され，後の日本の絵画に影響を与えた。

□　(1)　文中の空欄(A)～(C)に適切な語句を，次のア～コからそれぞれ1つずつ選び，記号で答えなさい。

ア　道元　　イ　雪舟　　ウ　新羅　　エ　蓮如　　オ　唐
カ　百済　　キ　日蓮　　ク　栄西　　ケ　空海　　コ　後漢

□　(2)　下線部①について，厩戸王(聖徳太子)が蘇我馬子らと協力しておこなった政治についての説明として適切なものを，次のア～エから1つ選び，記号で答えなさい。

ア　日本で最初の全国的な戸籍をつくった。
イ　家柄にとらわれず，才能や功績のある個人に対して高い地位を与えるしくみを定めた。
ウ　耕地の拡大をはかつて，開墾した土地の私有を永年認めることとした。
エ　積極的に遣唐使を派遣し，律や令などの制度を取り入れた。

□　(3)　下線部②について，その結果，8世紀末には僧が朝廷で権力を握る事態にもなった。桓武天皇が政治の立て直しをはかっておこなったこととして**誤っているもの**を，次のア～エから1つ選び，記号で答えなさい。

ア　平城京から藤原京へ遷都し，その後，平安京へと遷都した。
イ　民衆の負担軽減のため，雑徭(労役)の日数を少なくした。
ウ　坂上田村麻呂を征夷大将軍に任命して東北地方へ派遣し，蝦夷を攻撃させた。
エ　最澄らを唐に留学させ，天台宗を保護した。

□ (4) 下線部③について，豪族は一族のための氏寺を建立した。藤原氏の氏寺を次のア～エから1つ選び，記号で答えなさい。

ア 飛鳥寺 イ 円覚寺 ウ 東寺 エ 興福寺

□ (5) 下線部④について，これまでの絵画は仏教や中国を題材とした唐絵がほとんどであったが，平安時代になると日本の風物を題材とする絵画が描かれるようになった。このような絵画の様式を何といいますか。

□ (6) 下線部⑤について，朝鮮半島の歴史について述べたものとして適切なものを，次のア～エから1つ選び，記号で答えなさい。

ア 朝鮮は，明や日本，東南アジアの産物を各地へ運んで転売する中継貿易で栄えた。

イ 高麗では，朝鮮半島独自の文字としてハングルがつくられた。

ウ 朝鮮半島南部で太平天国の乱が起きると，清と日本が出兵して日清戦争へ突入した。

エ 朝鮮は釜山に倭館を置き，対馬の宗氏を仲介として江戸時代の日本と貿易をおこなった。

□ (7) 下線部⑥について，朝鮮半島の渡来人がもたらした技術によってつくられた，硬質で灰色の土器の名称を答えなさい。

□ (8) 下線部⑦について，古代ギリシャについて述べた文として適切なものを，次のア～エから1つ選び，記号で答えなさい。

ア ポリスとよばれる都市国家を建設し，成人男性市民による直接民主政がおこなわれた。

イ 哲学や芸術が発展し，カーバ神殿などの人間的な神々をまつる神殿も建てられた。

ウ 太陽の動きを基準にした暦がつくられるなど，太陽を神聖なものとして崇めていた。

エ 建築技術に優れ，水道橋や円形闘技場が現代にまでのこっている。

□ (9) 下線部⑧について，中央アジアを経由し，文化や品物の通り道となった東西貿易路を何といいますか。

□ (10) 下線部⑨について，室町時代にめん類が広まったのは，鎌倉時代に畿内や西日本で広まったある農業の方法が，室町時代に全国的に普及したことが背景の1つとなっている。この農業の方法を何というか答えなさい。

□ (11) 下線部⑩について，庶民の生活にまで茶が普及した江戸時代には，茶道具となる陶磁器の生産もさかんになった。19世紀に有田焼など陶磁器の専売で藩の財政を立て直し，軍備の近代化に成功した藩主を答えなさい。

□ (12) 下着部⑪について，この時代の日明貿易では，明は勘合を用いて相手国に正式な貿易船であることを証明させた。そのねらいを説明しなさい。

□ (13) 下線部⑫について，室町幕府の将軍によって京都の北山に建てられた，公家文化と武家文化を融合させ，第1層には寝殿造，第3層には禅宗様を取り入れた建築物を答えなさい。

4 北京で起こったできごとに関する次の各文を読み，あとの各問いに答えなさい。

A：北京の天安門広場においてパリ講和会議に抗議する①五・四運動が起こった。
B：②中華民国が成立すると，袁世凱が大統領の地位を譲り受け，北京に政府を移した。
C：山東省を中心に③義和団が蜂起し，北京の公使館を包囲するなど外国人排撃の運動を起こした。
D：北京の天安門広場において④民主化を求める運動が起こり，政府によって弾圧された。
E：北京郊外の盧溝橋において⑤日中両軍が衝突した。

□ (1) 下線部①について，この運動で抗議された，日本へ山東省などの権益を譲ることを中国に認めさせた文書を答えなさい。

□ (2) 下線部②について，中国南部の反乱をきっかけとして清の滅亡と中華民国の成立に至った出来事を何といいますか。

□ (3) 下線部③について，義和団の鎮圧後も中国東北部に大軍をとどめた国を答えなさい。

□ (4) 下線部④に関連して，日本のデモクラシーの進展の過程で，普通選挙法を定めた内閣の首相は誰ですか。

□ (5) 下線部⑤について，この時期の日本では重化学工業が急速に発展していたが，その理由として適切なものを，次のア～エから1つ選び，記号で答えなさい。

ア 石油の輸入と加工に有利な太平洋沿岸に，石油化学コンビナートがつくられたから。

イ ヨーロッパで大戦が起こり，ドイツからの化学製品の輸入が途絶えたから。

ウ 中国東北部への進出により，軍需品が大量に必要になったから。

エ 朝鮮戦争が始まり，アメリカ軍の軍需品の生産を引き受けたから。

□ (6) A～Eの各文を時代の古いものから順に並べ替え，2番目のできごとを選んで記号で答えなさい。

5 Aさんのクラスでは，社会科の授業で班ごとにレポートを作成しました。右の表は，各班のレポートのテーマをまとめたものです。これについて，あとの各問いに答えなさい。

表

班	テーマ
1班	人権の歴史
2班	日本の平和主義と国際社会
3班	国や地方の民主政治のしくみ
4班	企業のはらたき
5班	国や地方の経済的な役割
6班	社会生活の変化

(1) 1班のテーマに関して，次の各問いに答えなさい。

□ ① 次の資料は，世界で初めて，ある権利について記された条文を，日本語に訳したものである。ここに記されている，社会権の最も基本となる権利は何か，答えなさい。

資料

> 経済生活の安定は，すべての人に人間たるに値する生活を保障する目的をもつ，正義の原則に適合しなければならない。

□ ② 個人が自分の生き方や生活の仕方について自由に決定する権利として，自己決定権が提唱されてきたが，医療の現場において患者が治療方法について自ら決定できるように，十分な説明を受けた上で同意をすることを何というか，カタカナで答えなさい。

(2)　2班のテーマに関して，次の各問いに答えなさい。

□　①　日本の平和主義について述べた文として正しいものを，次のア～エから1つ選び，記号で答えなさい。

ア　日本は，非核三原則をかかげており，2017年には核兵器禁止条約を批准した。
イ　日本は，日米安全保障条約を結び，アメリカ軍の日本への駐留を認めている。
ウ　日本は，国際連合の安全保障理事会の非常任理事国に選出されたことはない。
エ　日本は，ODAの一つとして自衛隊を紛争地域に派遣し，地雷の除去を行った。

□　②　世界では，地域の利益を優先させる地域主義が強まっているが，1967年に設立された，東南アジア10か国が加盟する政治・経済などの協力組織を何というか，**アルファベット5字**で答えなさい。

□　③　次のⅠ～Ⅲの各文は，国際連合の機関について説明したものである。各名称との正しい組み合わせを，あとのア～エから1つ選び，記号で答えなさい。

Ⅰ「全ての人に健康を」を目的とし，主に発展途上国で，医療や衛生などの活動をしている。
Ⅱ　文化面で世界平和に貢献することを目的に，世界遺産などの文化財の保護活動をしている。
Ⅲ　子どもの権利を確立し，子どもたちの生存と健やかな成長を守るための活動をしている。

ア　Ⅰ－WHO　Ⅱ－UNESCO　Ⅲ－UNICEF
イ　Ⅰ－FAO　Ⅱ－UNICEF　Ⅲ－UNESCO
ウ　Ⅰ－WHO　Ⅱ－UNCTAD　Ⅲ－UNICEF
ヨ　Ⅰ－FAO　Ⅱ－UNESCO　Ⅲ－UNCTAD

(3)　3班のテーマに関して，次の各問いに答えなさい。

□　①　内閣について述べた文として**誤っているもの**を，次のア～エから1つ選び，記号で答えなさい。

ア　衆議院は，内閣不信任決議を行う。
イ　内閣総理大臣は，国務大臣の任命及び罷免を行う。
ウ　国務大臣は，すべて国会議員でなければならない。
エ　内閣は，衆議院の解散を決定できる。

□ ② 予算について，衆議院と参議院とで議決が異なった場合の，予算の成立過程として正しいものを，次のア～エから1つ選び，記号で答えなさい。

ア	イ	ウ	エ
衆議院で可決 ↓ 参議院で否決 ↓ 両院協議会で一致せず ↓ 衆議院で 3分の2以上の 多数で再可決	参議院で可決 ↓ 衆議院で否決 ↓ 両院協議会で一致せず ↓ 参議院で 3分の2以上の 多数で再可決	参議院で可決 ↓ 衆議院で否決 ↓ 両院協議会で一致せず ↓ 参議院の 議決を 採用	衆議院で可決 ↓ 参議院で否決 ↓ 両院協議会で一致せず ↓ 衆議院の 議決を 採用

□ ③ 刑事裁判において家庭裁判所での第一審の判決に不服があり，控訴が行われた場合，第二審が行われるのはどこか。正しいものを次のア～エから1つ選び，記号で答えなさい。

ア 地方裁判所　　イ 簡易裁判所　　ウ 高等裁判所　　エ 最高裁判所

□ ④ 地方自治のしくみについて述べた文として**誤っているもの**を，次のア～エから1つ選び，記号で答えなさい。

ア 知る権利を求める動きの中で，住民からの請求により情報を開示する情報公開法を制定する地方公共団体が増えてきた。

イ 地方公共団体が独自の活動を行えるようにするため，地方分権一括法が成立し，国の仕事の一部を地方公共団体の仕事として国の関与を減らすなど，地方分権が進められている。

ウ 一つの地方公共団体のみに適用される特別法は，その地方公共団体の住民の投票においてその過半数の同意を得なければ成立しない。

エ 市町村合併や産業廃棄物処分場の設置など地域の重要な課題について，地方公共団体が条例にもとづいて住民投票を実施する場合がある。

(4) 4班のテーマに関して，次の各問いに答えなさい。

□ ① 企業のはたらきについて述べた文として正しいものを，次のア～エから1つ選び，記号で答えなさい。

ア 株式会社は，株式を発行して資金を集め，一定の期日までに株主に返済する義務がある。

イ　企業は，消費者の利益をまもるため，他の企業と足なみをそろえて価格を決定する。

ウ　環境保全，文化振興などで，積極的に社会貢献を行う企業が増えている。

エ　能力主義や成果主義の賃金にかえ，年功序列賃金を導入する企業が増えてきた。

□　②　新たに起業し，新しい技術や独自のノウハウを元に革新的な事業を展開する中小企業を何というか，答えなさい。

(5)　5班のテーマに関して，次の各問いに答えなさい。

□　①　国や地方公共団体が整備する，道路や水道，公園などの公共施設を何というか，**漢字4字**で答えなさい。

□　②　次のグラフは，国の歳出に関するものである。これから読み取れる内容や，そのおもな原因について述べた文として正しいものを，あとのア～エから1つ選び，記号で答えなさい。

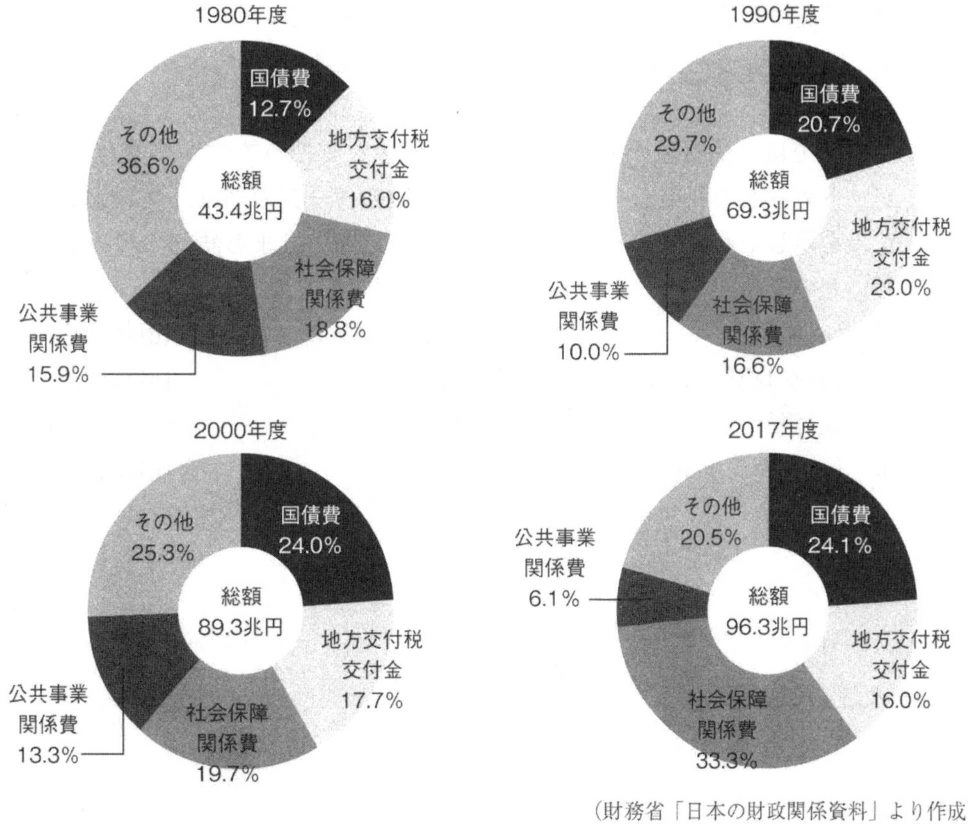

（財務省「日本の財政関係資料」より作成）

ア　2017年度の歳出の総額は，1980年度と比較すると2倍以上になっているが，これは日本の人口が急増したことがおもな原因である。

イ　1990年度以降，社会保障関係費の割合も金額も増加しているが，これはインフルエンザ対策など，公衆衛生分野で支出が増えていることがおもな原因である。

ウ　1980年度以降，公共事業関係費の割合も金額も減少しているが，これは好景気が続き，公共事業を行う必要性がうすれてきたことがおもな原因である。

エ　2017年度の国債費の金額は，1980年度の金額の約4倍になっているが，これは国債の発行が続き，国債残高が増加していることがおもな原因である。

(6)　6班のテーマに関して，次の各問いに答えなさい。

□　①　為替相場の変動が日本経済に与える一般的な影響として**適当でないもの**を，次のア～エから1つ選び，記号で答えなさい。

ア　円安になると，日本の輸出が活発になる。

イ　円高になると，日本から外国への旅行が増える。

ウ　円高になると，日本の工場の海外移転が増える。

エ　円安になると，日本で外国製品が安く買える。

□　②　近年では，消費者が購入した商品の代金を支払う方法が多様化しており，クレジットカードの利用もその一つである。次のページの図は，クレジットカードのしくみを示したものである。図中の(a)～(c)にあてはまる語句の組み合わせとして正しいものを，次のア～エから1つ選び，記号で答えなさい。

ア	(a)銀行	(b)クレジットカード会社	(c)加盟店
イ	(a)クレジットカード会社	(b)銀行	(c)加盟店
ウ	(a)銀行	(b)加盟店	(c)クレジットカード会社
エ	(a)クレジットカード会社	(b)加盟店	(c)銀行

図

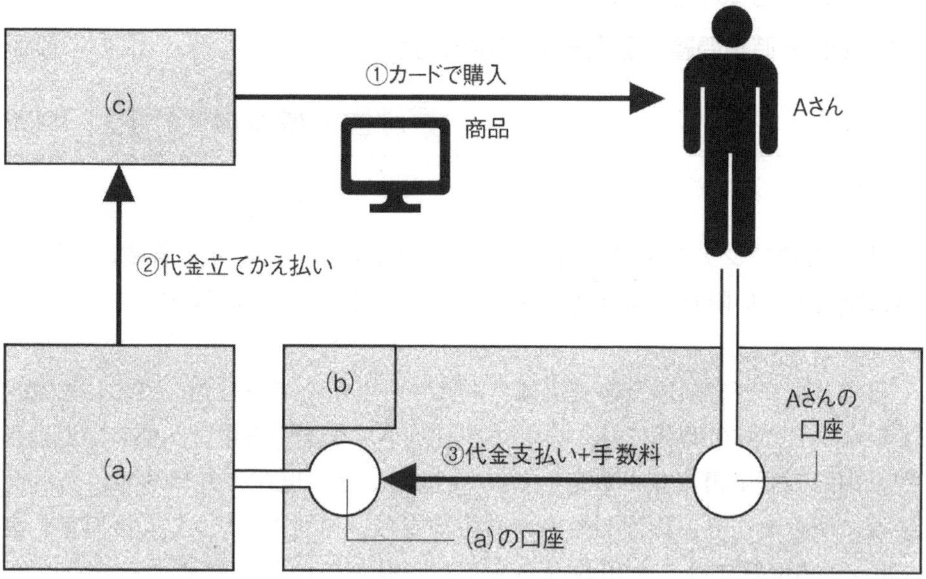

□ ③ 環境問題に関する法律について説明した文として正しいものを，次のア～エから1つ選び，記号で答えなさい。

ア 持続可能な社会の構築や，国際協調による地球環境保全を目的とする公害対策基本法が制定されている。

イ 資源消費や環境負担の少ない社会の構築をめざすための基本方針を定めた環境アセスメント法が制定されている。

ウ 資源の循環を具体的にすすめるために，家電リサイクル法や自動車リサイクル法が制定されている。

エ 開発がもたらす環境への影響を調査し，予測することを義務づけた循環型社会形成推進基本法が制定されている。

65

第10回

出題の分類

1. 日本と世界の歴史－古代～現代
2. 地理－日本と世界の地理（テニスを題材に）
3. 公民－時事問題，国際経済，国際社会

▶解答・解説はP.163

時間：50分	
目標点数：80点	
1回目	／100
2回目	／100
3回目	／100

1 日本と東アジアの歴史に関する次の文章を読んで，あとの各問いに答えなさい。なお，特に指定のない限り，固有名詞等，漢字で表記すべきものはすべて漢字で答えなさい。

日本と東アジア諸国との交流は，古代からさかんであった。日本にまだ文字が伝えられていなかった弥生時代には，日本にあった小さな国から中国へ使者が派遣されていたことが，中国の歴史書に記されている。①1世紀には，現在の九州地方にあったとされる国が後漢に使者を送り，後漢の皇帝から金印を授けられたことが，「後漢書」東夷伝に書かれている。5世紀には，大和政権の大王が，自らの地位を認めてもらうために宋に使者を送っていた。

7世紀初めから，日本は中国の政治のしくみや文化などを学ぶために，遣隋使や遣唐使を送った。日本では②唐の都長安にならって碁盤の目状に道路が張りめぐらされた都がつくられ，律令に基づく政治のしくみが整備された。遣唐使は奈良時代にさかんに派遣され，唐の影響を強く受けた天平文化が栄えた。その後，③菅原道真が遣唐使の派遣の再考を訴えたあと，遣唐使の派遣が行われることはなかった。

平安時代末に武士として初めて太政大臣となった平清盛は，貿易による利益に目をつけ，港を整備して，宋との貿易を行った。鎌倉時代，高麗を従えた元は日本にも服属を求め，これを④鎌倉幕府の執権北条時宗が拒んだことから，日本に二度襲来した。これを元寇と呼んでいる。

室町時代には，⑤足利義満が元の後に建国された明と朝貢形式での貿易を始めた。この時期には，日本と明だけでなく，朝鮮，琉球王国をふくめた各国間の貿易がさかんになり，琉球王国は中継貿易によって繁栄した。

日本に鉄砲やキリスト教が伝えられたころから，ポルトガルやスペインとの南蛮貿易がさかんになった。豊臣秀吉政権のころから江戸時代初期にかけては，東南アジア各地との貿易が行われた。しかし，⑥鎖国政策によって，この貿易は衰退していった。⑦鎖国が完成した後の日本は，ヨーロッパの国ではオランダのみに窓口を開き，中国や朝鮮，琉球王国，アイヌとの交易を行った。

幕末のペリーの来航をきっかけに開国した日本は，欧米諸国との貿易を開始し，⑧清や朝鮮と条約を結ぶなど外交政策を進めた。国内では廃藩置県，地租改正，殖産興業などの政策を実施し，憲法の制定，⑨帝国議会の開設を経て，日本は近代国家となった。

19世紀終わりから20世紀前半にかけて，日清戦争，日露戦争，第一次世界大戦，日中戦争，第二次世界大戦がおこった。⑩日本は日清戦争に勝利して台湾などを譲り受け，⑪日露戦争後に植民地を拡大させたが，第二次世界大戦の敗戦によりすべての植民地を失い，沖縄や小笠原諸島などは［ ⑫ ］に統治された。第二次世界大戦後，⑬韓国とは日韓基本条約により国交を結び，中国とは日中共同声明により国交を結んだ。

□ (1)　下線部①について，次の［　　］内は，このとき授けられたとされる金印に刻まれた文字を示している。［　　］内の(　)にあてはまる**漢字1字**を答えなさい。

漢　委　(　　　)　国　王

□ (2)　下線部②の都に唐から来日した鑑真が建てた寺がある。この寺を何というか，答えなさい。

□ (3)　下線部③までにおこったできごとを，次のア～エから1つ選び，記号で答えなさい。

ア　坂上田村麻呂が征夷大将軍に任命された。
イ　後醍醐天皇が公家を重視した政治を始めた。
ウ　藤原道長が摂政となり，摂関政治が全盛期を迎えた。
エ　白河天皇は，位を次の天皇に譲った後も上皇として政治の実権をにぎった。

□ (4)　下線部④の将軍と御家人について述べた次の文章中の(　)にあてはまる語句を，**漢字2字**で答えなさい。

将軍と御家人は主従関係で結ばれていた。将軍は御家人に対して御家人がもっている領地を保護したり，新しい土地を与えたりした。これを御恩という。一方，御家人は将軍に忠誠を誓い天皇の住まいや幕府を警備し，戦いがおこったときには命をかけて戦いに参加した。これを(　　　)という。

□ (5)　下線部⑤の貿易で，日本が輸入していたものを，次のア～エから1つ選び，記号で答えなさい。

ア　銅　　イ　刀　　ウ　硫黄　　エ　生糸

□ (6) 下線部⑥には，貿易の制限やキリスト教の禁止がある。明治時代にキリスト教の信仰が許されるまで，鎖国以降も密かにキリスト教を信仰していた人々は潜伏キリシタンと呼ばれ，2018年7月に，長崎と天草地方の潜伏キリシタン関連遺産が世界遺産に登録された。図1はこの遺産の地図である。図1から読み取れる，この地域で潜伏キリシタンが信仰を続けられた理由を，地形の特色にふれて，簡単に説明しなさい。

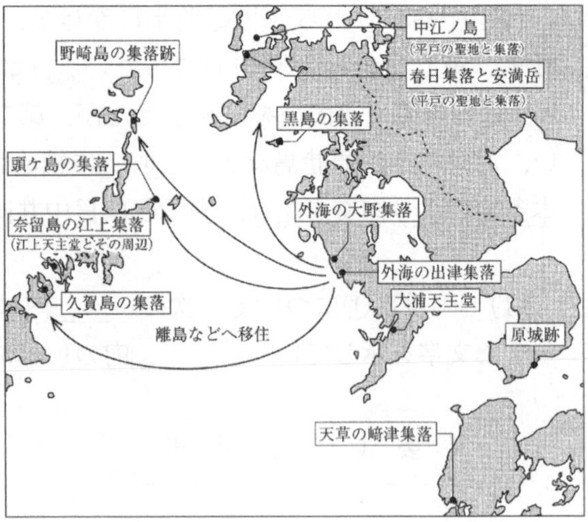

図1

□ (7) 次のア～エは，下線部⑦のできごとを示している。ア～エを年代の古い順に並べて，記号で答えなさい。

ア　天明のききんがおこった。

イ　徳川綱吉が生類憐みの令を出した。

ウ　徳川吉宗が公事方御定書を定めた。

エ　大塩平八郎が大坂で反乱をおこした。

□ (8) 下線部⑧について，このころ明治政府内で高まった，朝鮮を武力で開国させようという主張を何というか，答えなさい。また，この主張が退けられて政府を去り，後におこった西南戦争で中心となった人物を，次のア～エから1つ選び，記号で答えなさい。

ア　大久保利通　　イ　西郷隆盛　　ウ　板垣退助　　エ　伊藤博文

□ (9) 大正時代に原敬が内閣総理大臣となったころ，下線部⑨の衆議院で最も多くの議席をもっていた政党を，次のア～エから1つ選び，記号で答えなさい。

ア　自由党　　イ　立憲改進党　　ウ　立憲政友会　　エ　憲政会

□ (10) 下線部⑩で日本が清から譲り受け，三国干渉によって清に返還した地域を，図2中のア～エから1つ選び，記号で答えなさい。

図2

□ (11) 次の図3は，下線部⑪がおこった年をふくむ国の歳出に占める軍事費の割合である。図3中のXの期間について，その変化の影響を最も強く受けたできごとを，あとのア～エから1つ選び，記号で答えなさい。

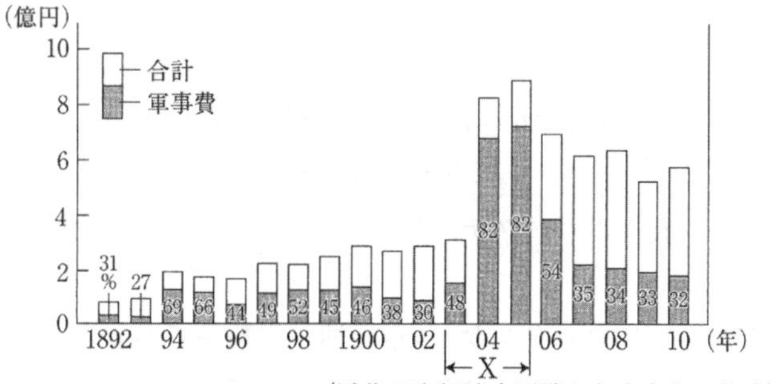

(近代日本経済史要覧などをもとに作成)

図3：国の歳出に占める軍事費の割合

ア 韓国併合　　イ 大逆事件　　ウ 日比谷焼き打ち事件　　エ 辛亥革命

□ (12) ⑫ にあてはまる国名を答えなさい。

□ (13) 下線部⑬のころの日本について述べた文として正しいものを，次のア～エから1つ選び，記号で答えなさい。

ア 48か国とサンフランシスコ平和条約を結んだ。

イ 第一次石油危機がおこり，高度経済成長が終わった。

ウ アジアで初めてのオリンピックとして東京オリンピックが開催され，日本の戦後復興が世界に示された。

エ 農村の民主化のために農地改革が行われ，多くの小作農が自作農となった。

2 テニス部に所属するKさんは，テニスで使用する道具とテニスの歴史を調べ，次のようにまとめました。これらを読んで，あとの各問いに答えなさい。

テニスで使用する道具

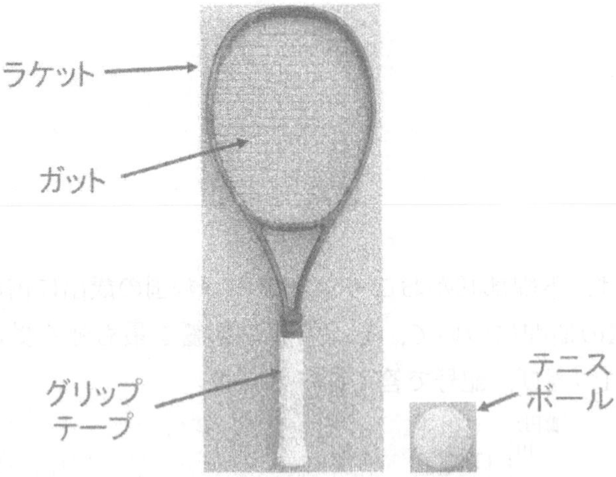

・ラケットには現在，カーボンファイバーやグラファイトファイバー※などの素材が使用されているが，かつては木や$_{\text{A}}$アルミニウム素材が使われていた。
・ガットは，ナイロン製やポリエステル製が主流だが，牛や$_{\text{B}}$羊の腸など動物性の素材を使った高級品もある。
・グリップテープは，ポリウレタンなどの$_{\text{C}}$石油化学製品である。
・テニスボールの中身は，コアと呼ばれる$_{\text{D}}$ゴム素材でできている。

※カーボンファイバーやグラファイトファイバー…炭素繊維

テニスの歴史

・テニスの原型は，11～12世紀に$_{\text{E}}$フランスの修道院で，球を手で打ち合ったこととされている。
・1877年，世界最古のテニストーナメントであるウィンブルドンの第1回大会が，$_{\text{F}}$イギリスのロンドンで開催された。
・1923年に国際ローンテニス連盟(現国際テニス連盟)が定めた$_{\text{G}}$四大大会は，最も規模の大きなテニスの大会である。四大大会は，$_{\text{H}}$ニューヨーク，メルボルン，パリ，ロンドンで行われる。
・日本のテニスの歴史は，19世紀に$_{\text{I}}$横浜で始まったとされている。

□ (1) 下線Aについて，次のページのグラフ1・グラフ2をふまえて，日本国内のアルミニウム製錬が減少した理由を，アルミニウムの原料を明らかにしながら説明しなさい。

<グラフ1>

国内アルミニウム供給量の推移（国内製錬量と輸入量の合計）

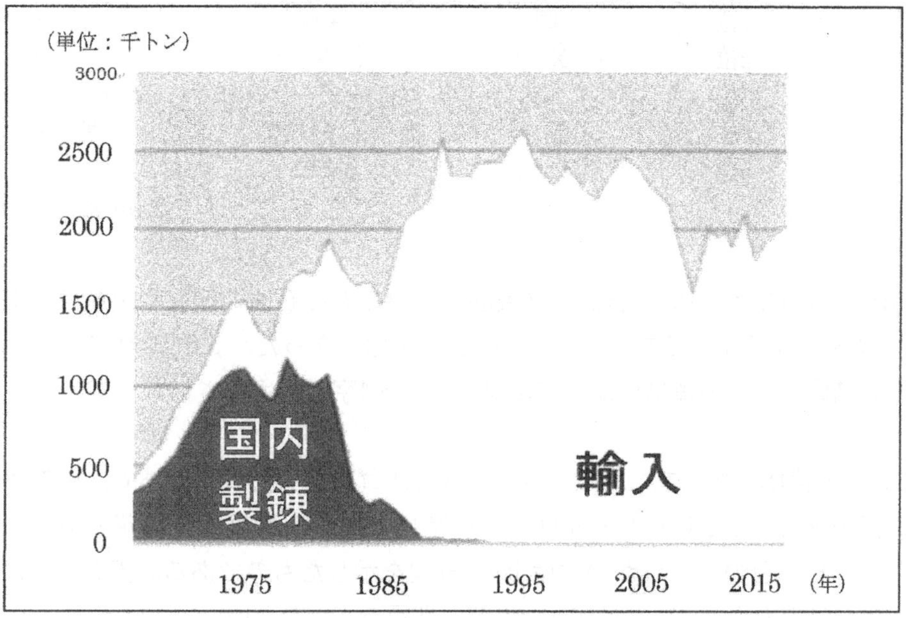

日本アルミニウム協会ホームページ（https://www.aluminum.or.jp/）より作成

<グラフ2>

日本の電気料金の推移

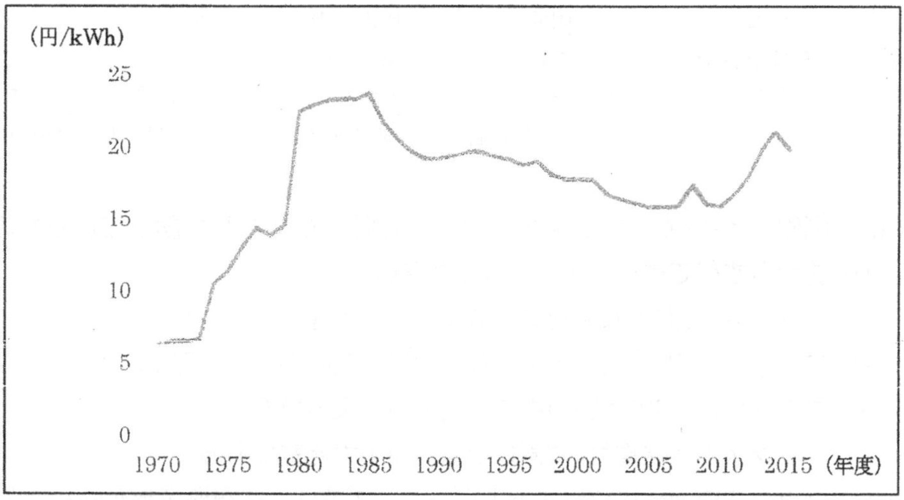

経済産業省資源エネルギー庁ホームページ（https://www.enecho.meti.go.jp/）より作成

□ (2) 下線Bについて，次のページの表1は羊の頭数・羊毛の生産量・羊毛の輸出量の世界上位5ヵ国を示したものである。表1中のXにあてはまる国名は何か，答えなさい。

〈表1〉

	羊の頭数	羊毛の生産量	羊毛の輸出量
1位	中国	中国	（ X ）
2位	（ X ）	（ X ）	ニュージーランド
3位	インド	ニュージーランド	南アフリカ
4位	イラン	イギリス	イギリス
5位	ナイジェリア	イラン	ドイツ

二宮書店『データブック・オブ・ザ・ワールド2019年版』より作成

□ (3) 下線Cについて，石油化学製品の原料である石油の開発や生産は，第二次世界大戦後，国際石油資本(メジャー)の独占状態にあった。これに対抗するために1960年に結成された組織は何か，**アルファベット4字**で答えなさい。

□ (4) 下線Dについて，ゴムの原料には合成ゴムと天然ゴムがあり，天然ゴムは一次産品である。表2中の①～⑤は，一次産品である天然ゴム・綿花・茶・さとうきび・コーヒー豆のいずれかの生産上位5ヵ国を示したものである。天然ゴムにあてはまるものはどれか，①～⑤から1つ選び，番号で答えなさい。

〈表2〉

	①	②	③	④	⑤
1位	中国	ブラジル	インド	タイ	ブラジル
2位	インド	インド	中国	インドネシア	ベトナム
3位	ケニア	中国	アメリカ	ベトナム	コロンビア
4位	スリランカ	タイ	パキスタン	インド	インドネシア
5位	トルコ	パキスタン	ブラジル	中国	エチオピア

二宮書店『データブック・オブ・ザ・ワールド2019年版』より作成

□ (5) 下線Eについて，フランスに関して説明した文として**誤っているもの**はどれか，①～⑤から**すべて**選び，番号で答えなさい。

① フランスはEUの共通通貨であるユーロは導入していない。
② フランスはEUの穀倉とよばれ，世界有数の小麦生産国である。
③ フランスはEU加盟国の中で，最大の工業国である。
④ フランスの総発電量の7割以上は，原子力発電である。
⑤ フランスの南部に位置するトゥールーズでは，航空機産業が盛んである。

□ (6) 下線Fについて，次のページの地図中の①～⑤のうち，第一次世界大戦以前に，イギリスの支配下におかれていた国として**誤っているもの**はどれか，①～⑤から**2つ**選び，番号で答えなさい。

＜地図＞

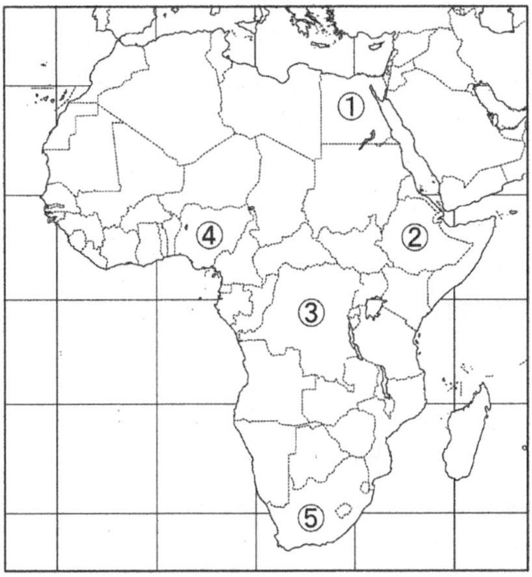

□　(7)　下線Gについて，グラフ3中の①～④は，四大大会が行われるニューヨーク・メルボルン・パリ・ロンドンのいずれかの地点における，最暖月・最寒月平均気温と，最多雨月・最少雨月降水量を示したものである。ニューヨークにあてはまるものはどれか，①～④から1つ選び，番号で答えなさい。

＜グラフ3＞

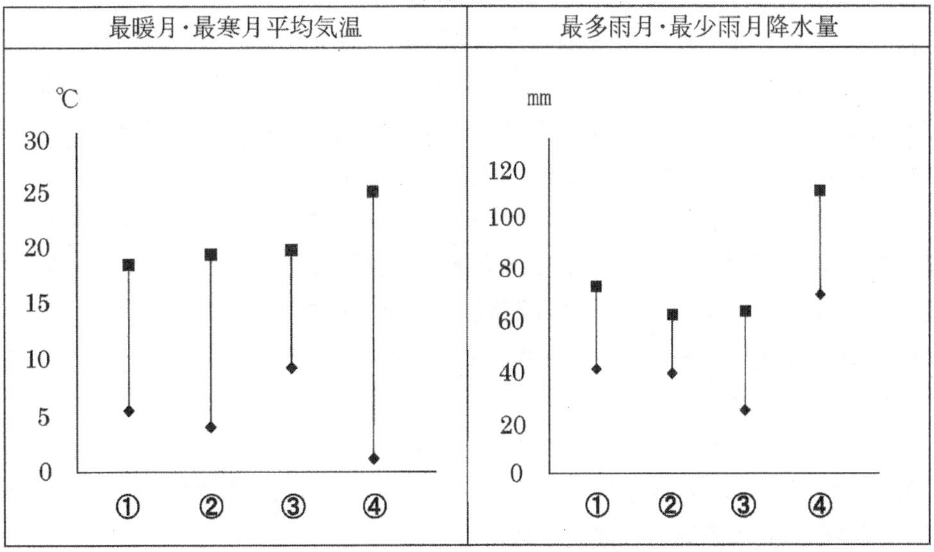

■＝最暖月平均気温・最多雨月降水量　　◆＝最寒月平均気温・最少雨月降水量

二宮書店『データブック・オブ・ザ・ワールド2019年版』・帝国書院『中学校社会科地図』より作成

□ (8) 下線Hについて，毎年8月下旬からニューヨーク(西経75度)で四大大会の1つである全米オープンが行われている。2019年の全米オープン男子シングルス決勝戦は，日本時間の9月9日午前5時に開始された。この時刻は現地時間では何月何日の何時か，答えなさい。ただし，サマータイムは考慮しないこととします。

□ (9) 下線Ⅰについて，表3中の①～⑤は，日本の主な貿易港である神戸港・名古屋港・横浜港・東京港・成田空港のいずれかの主要輸出品目・輸出額・輸入額を示したものである。横浜港にあてはまるものはどれか，①～⑤から1つ選び，番号で答えなさい。

〈表3〉

	主要輸出品目	輸出額(億円)	輸入額(億円)
①	自動車、自動車部品、内燃機関、金属加工機械	117,421	48,656
②	金、科学光学機器、集積回路、電気回路用品	111,679	122,444
③	自動車、自動車部品、内燃機関、プラスチック	71,772	41,336
④	自動車部品、コンピュータ部品、内燃機関、プラスチック	58,621	117,011
⑤	プラスチック、建設・鉱山用機械、有機化合物、電池	56,317	32,356

二宮書店『データブック・オブ・ザ・ワールド2019年版』より作成

3 次の文章を読み，あとの各問いに答えなさい。

a2018年，S学園では高校生国際会議「Water is Life 2018」が開催された。Water is Lifeとは，2014年にシンガポール，2016年にはbオランダで開催された水問題に関する高校生国際会議である。参加した高校生は自国の水問題を中心に研究を発表し，その研究結果を持ち寄り他国の生徒たちと問題を共有している。

ところで近代国際会議の始まりは，ヨーロッパにおいてc主権国家の成立に伴う近代国際社会の成立を背景としながら，三十年戦争の講和会議としてのウェストファリア会議が最初と言われている。その後，国際問題を解決するための組織として，dアメリカ合衆国大統領が平和原則で提唱し，パリ講和会議を経て調印されたヴェルサイユ条約にもとづき，1920年にe国際連盟が発足した。

しかし，f国際連盟にはいくつかの問題点があったため，平和維持機能を十分に果たせず第二次世界大戦の開戦を防ぐことができなかった。この反省から，1945年に国際連合憲章が採択されg国際連合が成立した。

国際連合の目的は，世界の平和と安全の維持，諸国間の友好関係の発展のほか，経済，社会，文化，h人権などの分野で国際協力の推進と国際問題を解決することである。

国際連合には，最高機関として総会がおかれているほか，i安全保障，経済社会，信託統治の各理事会などの主要機関がある。また，多様な具体的問題に対処するため，国連難民高等弁務官事務所，国連世界食糧計画，国連児童基金など，総会によって設立された機関もある。

また，国際連合では$_{j}$地球環境問題にも積極的に取り組んでいる。1972年に国連人間環境会議を開催したことをはじめとして，その後さまざまな地球環境問題に関する会議が開催され，環境保全と開発などの問題に対し，世界が結束して取り組むことの重要性が確認された。

現在，国際問題を話し合う場として，国際連合以外にも$_{k}$サミット(先進国首脳会議・主要国首脳会議)などがあり，世界の政治，経済などの諸問題が話し合われてきた。

しかし，国際的な協調体制にさまざまな変化が生じている。第二次世界大戦後，自由貿易を進めようとする国際的な動きから関税および貿易に関する一般協定(GATT)が発足した。さらに経済のグローバル化に対応するため，GATTを発展的に解消して世界貿易機関(WTO)が設立された。一方で，特定の国や地域との間で自由貿易や経済連携を目指す動きもある。これが$_{l}$自由貿易協定(FTA)と経済連携協定(EPA)である。世界には400あまり(注)のFTA・EPAが存在している。

(注) 日本貿易振興機構2016年統計より

□ (1) 下線部aに関連して，2018年のできごとについて述べた文X・Yの正誤の組合せとして正しいものを，次のア～エから1つ選び，記号で答えなさい。

X 働き方改革関連法が国会で成立し,「高度プロフェッショナル制度」が創設された。

Y 自由民主党総裁選挙で安倍晋三が勝利し，連続4選を果たした。

ア X 正 Y 正　　イ X 正 Y 誤

ウ X 誤 Y 正　　エ X 誤 Y 誤

□ (2) 下線部bに関連して，オランダの法学者について述べた文X・Yの正誤の組合せとして正しいものを，次のア～エから1つ選び，記号で答えなさい。

X グロチウスは『戦争と平和の法』を著して，国際社会でのルールの必要性を説いた。

Y グロチウスは国際法を体系づけたので,「国際法の父」といわれた。

ア X 正 Y 正　　イ X 正 Y 誤

ウ X 誤 Y 正　　エ X 誤 Y 誤

□ (3) 下線部cに関連して述べた文X・Yの正誤の組合せとして正しいものを，次のア～エから1つ選び，記号で答えなさい。

X 国家が主権をもつことは，内政不干渉と主権平等の権利をもつことである。

Y 国家の主権の及ぶ範囲は，領土，排他的経済水域，領空である。

ア X 正 Y 正　イ X 正 Y 誤

ウ X 誤 Y 正　エ X 誤 Y 誤

□ (4) 下線部dに関連して述べた文X・Yの正誤の組合せとして正しいものを，次のア～エから1つ選び，記号で答えなさい。

X アメリカ合衆国大統領のモンローは，14か条の平和原則を提唱した。

Y 平和原則では秘密外交の禁止，海洋の自由，民族自決などが提唱された。

ア X 正 Y 正　イ X 正 Y 誤

ウ X 誤 Y 正　エ X 誤 Y 誤

□ (5) 下線部eには，国家間の争いなどを解決するために設けられた機関がある。オランダのハーグにあったこの機関名を**漢字**で答えなさい。

□ (6) 下線部fについて，国際連盟は国際紛争の抑止に十分な成果をあげられなかった。その理由の1つを解答用紙の枠内で答えなさい。

□ (7) 下線部gに関連して述べた文X・Yの正誤の組合せとして正しいものを，次のア～エから1つ選び，記号で答えなさい。

X 国際連合は，アメリカ合衆国，イギリス，ソ連の代表がヤルタで会談して調印した大西洋憲章で設立が決まった。

Y 国際連合の本部はニューヨークに置かれた。

ア X 正 Y 正　イ X 正 Y 誤

ウ X 誤 Y 正　エ X 誤 Y 誤

□ (8) 下線部hに関連して，国際人権規約について述べた文X・Yの正誤の組合せとして正しいものを，次のア～エから1つ選び，記号で答えなさい。

X 国際人権規約は世界人権宣言の内容に法的拘束力をもたせたものである。

Y 日本は国際人権規約が国際連合の総会で採択された年に批准した。

ア X 正 Y 正　イ X 正 Y 誤

ウ X 誤 Y 正　エ X 誤 Y 誤

□ (9) 下線部iに関連して述べた文X・Yの正誤の組合せとして正しいものを，次のア～エから1つ選び，記号で答えなさい。

X 安全保障理事会は5つの常任理事国と8つの非常任理事国から構成されている。

Y 安全保障理事会の決定は，3分の2以上の理事国の賛成を必要としているが，常任理事国のうち1カ国でも反対すると議案は否決される。

ア X 正 Y 正　　イ X 正 Y 誤

ウ X 誤 Y 正　　エ X 誤 Y 誤

□ (10) 下線部jに関する文のうち正しいものを，次のア～エから1つ選び，記号で答えなさい。

ア 地球温暖化防止京都会議では，フロンの全廃を決定した。

イ 国連環境開発会議(地球サミット)では，気候変動枠組み条約を採択した。

ウ 国連人間環境会議では，環境保護に関する南極条約議定書を採択した。

エ ラムサール条約において，水銀やカドミウムなどの有害廃棄物の輸出入を規制した。

□ (11) 下線部kに関連して述べた文X・Yの正誤の組合せとして正しいものを，次のア～エから1つ選び，記号で答えなさい。

X 第1回サミットでは日本，アメリカ合衆国，イギリス，フランス，西ドイツ，イタリアの6カ国の首脳が集まった。

Y サミットだけでは，貿易問題や地球環境問題など国際的課題への対応が難しくなり，新興国などが加わったG20も行われるようになった。

ア X 正 Y 正　　イ X 正 Y 誤

ウ X 誤 Y 正　　エ X 誤 Y 誤

(12) 下線部lに関連して，次の各問いに答えなさい。

□ ① FTAとEPAはどのような協定なのか。その違いがわかるようにそれぞれ答えなさい。

□ ② EPAの1つでもあるTPPの名称を**漢字**で答えなさい。

65 第1回 解答・解説

解答

1	(1) エ	(2) ア	(3) ウ	(4) イ		
	(5) ① エ	② イ	③ エ			
2	(1) ウ	(2) イ	(3) エ	(4) オ	(5) イ	(6) エ
3	(1) ア	(2) エ	(3) イ	(4) ア	(5) ウ	(6) ウ
4	(1) イ	(2) エ	(3) ウ	(4) ア	(5) イ	(6) ア
5	(1) ウ	(2) イ	(3) ウ	(4) エ	(5) ア	(6) エ
	(7) ウ	(8) ア	(9) ウ	(10) イ	(11) ア	(12) エ

配点 1(5) 各2点×3 他 各3点×4 2 各3点×6 3 各3点×6
4(1)・(2)・(3) 各2点×3 他 各3点×3
5(2)～(6) 各2点×5 他 各3点×7 計100点

解説

1 (日本の地理―地形図・気候・人口など)

(1) 県名と県庁所在地の都市名が異なるのは，九州は沖縄(那覇)の1県のみ。東北は岩手(盛岡)・宮城(仙台)の2県，中部は山梨(甲府)・石川(金沢)・愛知(名古屋)，中国・四国は島根(松江)・香川(高松)・愛媛(松山)。

(2) キャベツは比較的冷涼な気候を好む野菜である。季節により品種や生産地が替わり，ほぼ周年美味(おい)しい物が出回る。春キャベツは千葉・神奈川・茨城，夏・秋キャベツは群馬，冬キャベツは愛知の生産量が多い。

(3) 気温の年較差が大きく降水量が少ないことから，内陸性気候の松本である。

(4) 2015年の15～64歳人口は約309万人で，1995年の人口(約339万人)の約91％。

(5) ① 4cm×25000＝100000cm＝1000m。 ② 密集した建物は網掛けで表示されている。また，広葉樹林の地図記号はQ，針葉樹林はΛ，警察署は⊗，交番はXである。 ③ 東京国立博物館の入口をモデルにデザイン化されたもの。アは老人ホーム，イは病院，ウは図書館。

2 (地理―地形・産業・貿易など)

(1) 日本の反対側(対蹠点(たいせきてん))は南米アルゼンチン沖の大西洋上となる。

(2) Xは南アジアのインド。国民の約8割が牛を神聖な動物とするヒンドゥー教を信仰している。

(3) Yはアメリカ合衆国。西経100度より西側はグレートプレーンズ(大平原)と呼ばれる牛の大放牧地帯。南東部はかつて黒人奴隷を労働力として成立していた綿花地帯(コットンベルト)。

(4) 図1はユーラシア大陸・アフリカ大陸・南北アメリカ大陸，図2はオーストラリア大陸・アフリカ大陸・南アメリカ大陸・南極大陸が示されている。

(5) Zはオーストラリア。石炭や鉄鉱石だけでなく，天然ガス(D)も最大の輸入相手国。

(6) 建設業で就業者一人当たりの国内総生産はオーストラリア・アメリカ・インドの順。

3 (日本と世界の歴史―古代の政治・社会史など)

(1) 天皇が幼少であったり女性であったりするとき，皇族などが天皇の代理として就いた職で，関白より地位が高い。

(2) 隋は漢の滅亡後400年ぶりに中国を統一したが，高句麗遠征の失敗などにより唐に取って代わられた。

(3) 663年，百済復興を図って大陸に侵攻した日本は唐・新羅連合軍に白村江で大敗，百済復興はならず，日本も朝鮮半島への影響力を失うことになった。アは701年，ウは752年に完成，エの編纂は905年とされる。

(4) 壬申の乱は古代における最大の内乱。天智天皇の死後，子供である大友皇子と弟・大海人皇子との権力争いで，勝利した大海人皇子は天武天皇として即位し，天皇権力の強化を図った。

(5) アの多賀城は宮城県に置かれた東北の拠点。イは現代の国家財政を担当する組織で，以前は大蔵省と呼ばれたが，平成の行政改革で名称を財務省に変更した。エの大宰府は九州に設置された政治・外交・防衛の拠点である。

(6) この2年後には大仏建立の詔も発し，仏教による国づくりを目指した天皇である。

4 (日本と世界の歴史―原始～現代の政治・社会・文化史など)

(1) エジプトはナイルの賜物(たまもの)といわれ，川から運ばれる肥沃な土壌により農業が発達した。エジプト文字は絵文字から発達したヒエログリフ(象形文字)。

(2) 稲の穂を摘み取るための長方形あるいは半月形の扁平な石器。アは縄文時代に作られた人形などをした土製品，イは食物などを盛り付けるための器，ウは古墳時代に作られた人や馬，家などの形をした土製の焼き物。

(3)　邪馬台国の記述を思わせる建物跡などが出土している環濠集落遺跡。アは青森県の縄文時代，イは群馬県の旧石器時代，エは静岡県の弥生時代遺跡。

(4)　コーランはイスラム教の創始者ムハンマドがアッラーから受けた啓示を収録したもの。

(5)　学制は教育の大切さを説き，国民皆学の方針を示したもの。6歳以上の男女を目安としたが国民の反対も多く，1879年の教育令発布に伴い廃止された。

(6)　cは石油化学コンビナートからの硫黄酸化物などの大気汚染，dは工場排水中の有機水銀が原因で発症する。スモン病は有機化合物キノホルムが原因の薬害，イタイイタイ病は富山県神通川流域のカドミウムによる水質汚濁が原因。

5　(公民―憲法，政治のしくみ，経済生活)

(1)　大日本帝国憲法では，天皇が主権者と定められる一方で，人権は天皇の恩恵によってあたえられた「臣民ノ権利」であり，法律によって制限されるとされた。

(2)　選択肢の中で「精神の自由」に当てはまるものは，学問の自由である。ア，エは身体の自由，ウは経済活動の自由にそれぞれ属する。

(3)　投票の義務は，三大義務には当てはまらない。もともと，投票は権利であって，義務にはあたらない。

(4)　天皇の国事行為には，すべて内閣の助言と承認が必要である。したがって，エは，国会がその責任を負う，というところが誤りとなる。

(5)　アの条約を結ぶのは内閣の仕事である。それ以外の選択肢は，すべて，国会の仕事である。

(6)　アは任命(→指名)，イは指名(→任命)，ウは多数決(→全会一致)，それぞれのところが誤りである。

(7)　裁判は公開が原則であり，手続きをとればだれでも傍聴することが可能である。

(8)　国道や河川の整備は国の仕事である。それ以外の選択肢は，すべて地方公共団体の仕事として定められている。

(9)　アは財産所得，イは給与所得，エは銀行預金，それぞれのところが誤りである。また，エの税金は消費支出にはふくまれない。

(10)　不景気のときは企業の生産活動はふるわず，失業者は増加する。所得は低下するので，消費も低迷する。物価はあまり上がらず，時には下落することもある。

(11)　株式会社は，株式の発行によって得られた資金をもとに設立される企業である。株式を購入した人(出資者)は株主と呼ばれる。

(12)　政府は，不景気のときは，減税や公共事業への支出を増やし，好景気のときは増税や公共事業の削減などを行う。このような景気の波を調整する政策を財政政策といっている。

65 第2回 解答・解説

解答

1 (1) エ　(2) ア　(3) Ⅰ エ　Ⅱ ク
(4) ① ウ　② イ　③ エ

2 (1) ア　(2) ④　(3) ア　(4) イ　(5) ウ　(6) ア

3 (1) ウ　(2) イ　(3) エ　(4) ア

4 (1) イ　(2) ウ　(3) エ　(4) ウ　(5) カ　(6) ウ
(7) オ　(8) イ　(9) ア　(10) ウ　(11) ウ

5 (1) ウ　(2) エ　(3) イ　(4) ア　(5) ウ　(6) イ
(7) イ　(8) 国政調査権

6 (1) ア　(2) ウ　(3) エ　(4) エ　(5) エ　(6) イ
(7) ウ

配点　1(4)　各3点×3　他　各2点×4
2(1)・(2)・(6)　各3点×3　他　各2点×3
3　各2点×4　4(8)～(11)　各3点×4　他　各2点×7
5(1)・(6)～(8)　各3点×4　他　各2点×4　6　各2点×7　計100点

解説

1 (日本の地理―地形図・産業など)

(1)　三重県は隣接する愛知県，特に中部地方の中枢都市である名古屋との関係が深い。北部に位置する四日市は中京工業地帯の中核として発展している。

(2)　A　プランクトンの豊富な寒流。　B　黒褐色をした世界的な大海流。

(3)　Ⅰ　西陣周辺で作られる高級織物。　Ⅱ　豪雪地帯である北陸地方は水田率が極めて高い。

(4)　①　2万5000分の1の地形図は主曲線(細い実線)が10m間隔。　②　地形図では上が北を指す。　③　水田の地図記号は||，神社は⛩，寺院は卍。文化会館周辺にみられる○は町村役場，大友山の斜面は主に果樹園(ό)と針葉樹林(Λ)，地図上の距離は5cmで実際の距離は1250m。

2 （地理―世界の国々・気候・産業など）

(1)　日本の標準時子午線は東経135度，時差は12時間(135＋45)あり東京より遅れる。

(2)　暖流と偏西風の影響で年間を通じて気温や降水量の差が小さい西岸海洋性気候。

(3)　Ⅰ　赤道直下を水源に地中海に注ぐ大河。エジプトは「ナイル賜物(たまもの)」といわれるほどこの地に豊かさをもたらしている。Ⅱ　ムハンマドが創始したアッラーを唯一の神とする宗教。

(4)　20世紀初頭，ヘンリー・フォードが量産型の工場を建設したことから発展し「自動車の都」と呼ばれた。2000年代に入り自動車会社の倒産などから財政破綻したが近年復活しつつある。

(5)　Pのオーストラリアは石炭や鉄鉱石，天然ガスの最大の輸入先でもある。原油はアメリカ・ロシア・サウジアラビア，石炭は中国・インド，天然ガスはアメリカ・ロシアなどが主産地。

(6)　牧場・牧草地はフィリピン149万haに対し，タイは81万ha。耕地が最も小さいのはフィリピン，第3次産業はタイ1669万人，トルコ1461万人，イランは第1次産業の割合が最も低い。

3 （世界の歴史―古代，近代）

(1)　写真の建築物は，イタリアのローマにある円形闘技場(コロッセオ)である。コロッセオはローマ帝国の時代に造られている。ローマ帝国の時代には，パレスチナにイエスが現れているので，ウが正しい。ア，イ，エはいずれも古代ギリシャについて述べている。

(2)　中国では，紀元前4世紀ごろからは青銅製の農具ではなく鉄製農具が普及していったので，イが誤り。

(3)　イタリアは三国同盟の一員であったが，第一次世界大戦には開戦当初は参戦せず，のちに連合国側で参戦しているので，アは誤り。第一次世界大戦の開戦のきっかけは，オーストリア皇太子夫妻がサラエボでセルビア人に暗殺されたことなので，イは誤り。第一次世界大戦では新兵器として戦車や飛行機，毒ガスなどが使用されたが，核爆弾が使用されたのは第二次世界大戦なので，ウは誤り。日本は第一次世界大戦では日英同盟を理由に連合国側で参戦，アメリカも1917年に連合国側で参戦しており，エが正しい。

(4)　第一次世界大戦後の1920年に，アメリカ大統領ウィルソンの提案をもとにして国際連盟が発足したが，国際連盟の本部はスイスのジュネーブに置かれたので，アが誤り。

第1回
第2回
第3回
第4回
第5回
第6回
第7回
第8回
第9回
第10回
解答用紙
公式集

4 (日本の歴史—古代〜近現代)

(1) 土偶の写真はイである。土偶は人間をかたどった土製品で，壊された形で出土するものが多い。エはヒスイ，ア・ウは古墳時代の埴輪。

(2) 『魏志』倭人伝には，邪馬台国の女王卑弥呼が「親魏倭王」の称号と金印を授けられたと記されているので，ウが誤り。「漢委奴国王」は，江戸時代に福岡県志賀島で発見された金印に記されている。この金印は，『後漢書』東夷伝に記されている奴国王が後漢の光武帝に使いを送って授かったものと考えられている。

(3) 須恵器はエがあてはまる。須恵器は高い温度で焼かれたかたい土器である。

(4) 守護の職務などを定めている法令は，御成敗式目(貞永式目)である。御成敗式目は1232年に執権北条泰時が定めているので，ウが正しい。

(5) 室町幕府においてAの訴訟を扱う役所は問注所，Bの京都の警備をおこなうのは侍所，Cの財政の管理をおこなうのは政所なので，カの組み合わせが正しい。

(6) 下関での海運を盛んにし，他藩に対する金融業を行い，経済力を蓄えたのは，薩摩藩ではなく長州藩なので，アは誤り。琉球を使った密貿易や，黒砂糖の専売制などで藩の財政を立て直したのは，長州藩ではなく薩摩藩なので，イは誤り。岡山県では渋染一揆が起こっており，ウが正しい。肥前藩では，紙や蝋ではなく陶磁器を専売制にしたので，エは誤り。

(7) 1858年に締結された日米修好通商条約では，アの神奈川，イの長崎，ウの新潟，エの兵庫，カの箱館が開港されることが決まったが，浦賀は含まれていないので，オが誤り。

(8) 1905年に日本が韓国を保護国とした際に，初代韓国統監となったのはイの伊藤博文。

(9) 日露戦争後には，日本がポーツマス条約で獲得した鉄道の利権をもとに，南満州鉄道株式会社が設立されており，アが正しい。袁世凱ではなく孫文が臨時大総統として中華民国の成立を宣言しており，イは誤り。満州のハルビン駅で，伊藤博文は安重根に暗殺されているので，ウは誤り。日露戦争後，日本の満州進出によってイギリスではなくアメリカと対立するようになったので，エは誤り。

(10) Aの盧溝橋事件は日中戦争のはじまりで，1937年に起こっている。Bの柳条湖事件は満州事変のはじまりで，1931年に起こっている。Cについて，日中戦争勃発後に中国国民政府の首都は重慶に移されている。よって，古いものから順に並べるとB→A→Cとなり，ウが正しい。

(11) 1972年に日中共同声明が出された際の内閣総理大臣は，ウの田中角栄である。

5 (公民—政治のしくみ)

(1) 選挙権を一定の年齢になると得られる形の選挙を，普通選挙といい，ウの選挙権において年齢制限をすることは人権の制限にはあたらない。

(2) エの弾劾裁判所の設置は，国会の仕事である。アの内閣総理大臣の任命，イの憲法改正の公布，ウの最高裁判所長官の任命は，いずれも天皇の国事行為である。

(3) 日本国憲法第69条は「内閣は，衆議院で不信任の決議案を可決し，又は信任の決議案を否決したときは，十日以内に衆議院が解散されない限り，総辞職をしなければならない。」と規定しており，内閣が総辞職しなければならない場合として適当なのはイ。なお，日本国憲法第70条は「内閣総理大臣が欠けたとき，又は衆議院議員総選挙の後に初めて国会の召集があつたときは，内閣は，総辞職をしなければならない。」と規定しており，衆議院議員総選挙の後に召集される国会で内閣は総辞職しなければならない。

(4) 裁判員裁判は，重大な刑事事件の第一審において行われるが，民事裁判では行われないので，アが誤っている。

(5) 衆議院には予算の先議権があるので，アは正しい。衆議院で可決され，参議院でこれと異なった議決をした法律案は，再度衆議院において可決された場合，法律となるので，イは正しい。条約の締結に必要な国会の承認については，衆議院が可決した条約案を参議院が30日以内に議決しないときは，衆議院の議決が国会の議決となるので，ウは誤り。予算の議決については，衆議院が可決した予算を参議院が30日以内に議決しないときは，衆議院の議決が国会の議決となるので，エは正しい。

(6) 仕事や留学などで海外に住んでいる人について，国政選挙で投票できる在外選挙制度があることから，アは正しい。インターネットを利用しての投票は認められていないが，インターネットを利用しての選挙運動は解禁されているので，イが誤り。選挙は原則投票日に投票することになっているが，期日前投票制度もあるので，ウは正しい。仕事や旅行等で選挙期間中に名簿登録地以外の市区町村に滞在している場合，滞在先の市区町村の選挙管理委員会で投票できる不在者投票制度があるので，エは正しい。

(7) 参議院議員は任期6年で3年ごとに半数ずつが改選されることから，参議院議員選挙は3年ごとに行われるため，アは誤り。参議院議員選挙に立候補できる年齢は満30歳以上で，都道府県知事に立候補できる年齢も満30歳以上なので，イが正しい。衆議院で採用されている比例代表制は拘束名簿式であり，参議院で採用されているのは非拘束名簿方式である。議席の配分は衆議院の比例代表制も参議院の比例代表制も政党の得票率に応じて配分されることから，ウは誤り。衆議院は小選挙区比例代表並立制を採用しており，選挙区は全て小選挙区なので，エは誤り。

(8) 衆参両議院がもつ，国の政治に関して調査を行う権限は，国政調査権という。

6 (公民―基本的人権，政治のしくみ，経済生活，日本経済)

(1) さまざまなメディアから発信される多大な情報の中から，主体的に必要な情報を選び取る力をメディアリテラシーという。近年，メディアリテラシーの重要性が説かれているので，Aは正しい。個人情報保護法では，国や地方公共団体，民間の情報管理者が個人情報を慎重に管理するように義務付けられているので，Bは正しい。

(2)　地方公共団体間での収入格差を是正するために，国税の一部を不足の程度に応じて地方公共団体に配分するのは，国庫支出金ではなく地方交付税交付金なので，Aは誤り。地方公共団体へと税源が移譲されるのに合わせて，地方交付税交付金の減額も図られたので，Bは正しい。

(3)　日本の社会保障制度の基本的な柱は，社会福祉，社会保険，公的扶助，公衆衛生の4つなので，Aは誤り。「国民皆年金」「国民皆保険」とは，すべての国民が公的保険に加入することが達成されたことであり，民間の保険会社の保険に加入することではないので，Bは誤り。

(4)　納税者と担税者が一致する税金を直接税といい，納税者と担税者が一致しない税金を間接税という。消費税は間接税に含まれるので，Aは誤り。財政の役割の1つに景気の安定化があるが，不況においては公共事業を増やすなどして活動を拡大させて景気回復に努めるので，Bは誤り。

(5)　労働基準法は最低限守るべき労働条件が示されているもので，その条件を下回る労働条件を内容とする労働契約は無効であり，Aは誤り。労働三権は社会権に含まれるので，Bは誤り。

(6)　自己決定権は，主に日本国憲法第13条に示された「幸福追求権」を根拠に主張されており，Aは正しい。最高裁判所の判例では，環境権を国民の権利として正面から認めることを避けており，Bは誤り。

(7)　ある商品の需要が供給を上回っている場合は，価格は上昇するので，Aは誤り。増税が行われたことによって商品価格が増税分上昇した場合，取引量が減少すると売り手の利益も減少することになるので，Bは正しい。

65 第3回 解答・解説

解 答

1 (1) ア (2) ウ (3) ア (4) イ (5) イ (6) エ
(7) ウ (8) イ (9) エ (10) エ

2 (1) イ (2) 地中海性(気候) [記号] ア (3) イ
(4) サンベルト (5) エ (6) ウ

3 (1) ア (2) エ (3) イ (4) ウ (5) エ (6) ア
(7) ア (8) ウ (9) オ (10) イ (11) エ

4 (1) a エ b 立憲 (2) Ⅰ 起訴 Ⅱ エ
(3) a 閣議 [記号] ア (4) Ⅰ 発券 Ⅱ ア

配点 1 各2点×10 2(3)・(5) 各4点×2 他 各3点×5
3 各3点×11 4 各3点×8 計100点

解 説

1 (総合ー世界の国々・戦後の日本・司法改革など)

(1) 国連軍の侵攻基地となった日本には大量の注文が舞い込み，経済の再建が進んだ。

(2) 神岡鉱山からの排水中に含まれていたカドミウムに神通川流域が汚染されて発症。

(3) 国論を二分した安保闘争で辞任した岸信介首相の後継として，政治対立から経済成長に軌道修正した。

(4) 日本司法支援センターの愛称。法で社会を「照らす」からの命名ともいわれる。

(5) 絶対王政を厳しく批判，フランス革命に大きな影響を与えた啓蒙思想家。

(6) スーダンから独立した1番新しい国家。部族対立も激しく政情が安定していない。

(7) 伝統的なバラモン教を基礎に各地の土着信仰などが結びついて誕生した宗教。

(8) スペイン北東部の州。バルセロナを中心に経済的に発展，中央政府との対立が続いている。

(9) 日本の最大の原油輸入先。OPEC(石油輸出国機構)のリーダー的存在である石油大国。

(10) 2016年のリオデジャネイロオリンピック開催国。明治以降多くの移民が海を渡り，現在では約190万人もの日系人が存在，近年は日本で働く人も増加している。

2 （地理―アメリカ合衆国の自然，産業，社会など）

(1) Wのアパラチア山脈は，古期造山帯に属する低くてなだらかな山脈。周辺には多くの炭田が位置している。Xのミシシッピ川は，アメリカ合衆国最大の河川で，上流はプレーリーを，中・下流は中央平原を流れ，ニューオーリンズ付近でメキシコ湾に流入する。

(2) 地中海性気候(Cs)は，夏季は高温乾燥，冬季は温暖湿潤な温帯気候。夏季の乾燥に耐えられる柑橘類やオリーブ，ぶどうなどの栽培が盛んである。

(3) Ⅰ―インドでは，英語が準公用語となっており，高等教育も英語で行われることが多い。Ⅲ―インドは数学の教育水準が高く，アメリカ合衆国でも多くの技術者がIT企業で働いている。Ⅱについて，インドの国民の約8割がヒンドゥー教の信者であるので正しくない。Ⅳについて，インドとアメリカ合衆国の間には，12時間前後の時差があるので正しくない。

(4) サンベルトは，アメリカ合衆国南部のカリフォルニア州からアリゾナ州を経て，メキシコ湾岸に至る北緯37度以南の地域。地価の安さ，低賃金労働者の存在など企業にとって魅力的な条件が存在し，1970年代以降，先端技術産業を中心に工場の進出が著しい。

(5) 2015年現在，アメリカ合衆国は，世界第4位の原油の産出国であるが，国内の需要が膨大なため，原油の輸入量では世界一である。

(6) A―アメリカ合衆国では，快適な生活のために日常生活の広い範囲で自動車が利用されている。鉄道やバスなど公共の交通機関はそれほど発達していない。よってこれは正しくない。　B―仕事を求めてアメリカ合衆国にやってくる人々のなかには，メキシコなどから不法に国境をこえて入国する人々もいるので，これは正しい。

3 （歴史―日本・世界の各時代の様子に関する問題）

(1) Aは392年，Bは紀元前450年頃，Cは1世紀，Dは610年頃のことである。

(2) 弥生時代に稲作が定着したことにより，身分の違いや貧富の差が生じることとなった。稲作は九州から関東周辺の地域で行われていたことから，アは誤りである。岩宿遺跡は旧石器時代の遺跡であることから，イは誤りである。弥生時代には，くわ・すきといった木製農具が使われたことから，ウは誤りである。収穫は，石包丁を使った穂首刈りで行われたことから，オは誤りである。

(3) 天平文化は唐の影響を受けた奈良時代の文化である。風土記の作成は奈良時代，すなわち8世紀に行われた。鎮護国家の考えに基づいて国分寺・国分尼寺を建てさせたのは聖武天皇であることから，アは誤りである。最澄，空海は平安時代の僧であることから，ウは誤りである。大和絵は国風文化で描かれたものであることから，エは誤りである。法隆寺は飛鳥文化を代表する寺院であることから，オは誤りである。

(4) 右大臣藤原実資(ふじわらのさねすけ)の日記に，11世紀前半に全盛期を迎えた摂関政治の頂点を極めた藤原道長が歌を詠んだと記されている。

(5)　Aは1232年，Bは1221年，Cは1297年，Dは1274年である。

(6)　1615年に出された禁中並公家諸法度と京都所司代のことである。大阪・長崎は江戸幕府の直轄地であったことから，イは誤りである。大老は臨時職であることから，ウは誤りである。大名の妻子は江戸の屋敷に人質として住まわされていたことから，エは誤りである。江戸時代には厳しい身分制度があったことから，オは誤りである。

(7)　18世紀後半から19世紀初めにかけて活躍した喜多川歌麿の手による錦絵「ビードロを吹く女」である。

(8)　A―1895年に結ばれた日清戦争の講和条約で，講和会議は日本の全権として，伊藤博文・陸奥宗光が出席した。　B―1895年のロシア・フランス・イギリスによる三国干渉で日本が返還したのは，遼東半島である。　C・D―1905年に結ばれた日露戦争の講和条約で，講和会議はアメリカ合衆国大統領セオドア・ルーズベルトの仲介によりアメリカのポーツマスで開かれた。　E―日清戦争・日露戦争を通じて日本は韓国への支配を強めていった。

(9)　1917年からのロシア革命を経て成立したソビエト社会主義共和国連邦では，企業・工場は国有化が進み，五か年計画に基づく計画経済が推進されており，世界恐慌の影響を受けなかった。ニューディール政策は公共事業を推進するものであるから，アは誤りである。イギリスが行ったのは植民地との貿易を進めるブロック経済であることから，イは誤りである。ファシスト党はイタリアで結成されたものであることから，ウは誤りである。世界恐慌の影響を受けた日本は，満州への進出という考えを強めていったことから，エは誤りである。

(10)　1947年に制定された法律である。農地改革の結果自作農は大幅に増加したことから，アは誤りである。民法改正で戸主制度は改められたことから，ウは誤りである。GHQの民主化政策では，財閥解体が推し進められたことから，エは誤りである。1945年の選挙法改正では，20歳以上のすべての男女に選挙権が与えられたことから，オは誤りである。

(11)　Aは1956年，Bは1965年，Cは1951年，Dは1978年である。

4　(公民―憲法・政治のしくみ・中央銀行の働きなど)

(1)　a―権力を行使する者に課せられた規定である。　b―憲法は個人の権利と自由を守るために作られたルールであり，政府はそれに従って政治を行う必要がある。

(2)　Ⅰ―刑事裁判では，起訴するかしないかの権限は検察官が独占している。　Ⅱ―憲法38条で黙秘権が保障されており，唯一の証拠が本人の自白の場合は有罪とされない。

(3)　週2回の定例閣議のほか必要に応じて開会される。衆議院は予算先議権や内閣不信任決議が認められているほか，議決においても参議院に優越している。任期は衆議院が4年，参議院が6年で，解散があるのは衆議院のみである。

(4)　Ⅰ―紙幣の正式名称は日本銀行券。　Ⅱ―不景気のとき，日本銀行は国債を買ったり金利を引き下げたりすることで市中に出回る通貨の量を増やす政策をとる。

65 第4回 解答・解説

解答

1 (1) A ウ　B ア　C イ　(2) プランテーション
(3) 図2 イ　図3 エ
(4) (例)高く険しい山脈が連なり火山活動が活発な造山帯にふくまれているため，地熱発電の発電量が多い国。
(5) ① エ　② イ　③ ウ　④ カ
(6) [語句] 促成栽培　[記号] イ　(7) ウ

2 (1) イ　(2) 大仙(大山)古墳　(3) ウ　(4) ウ　(5) ア
(6) 平清盛　(7) イ　(8) エ　(9) ア　(10) イ
(11) ルネサンス　(12) エ　(13) 奇兵隊　(14) オ
(15) ネルー

3 (1) ① 法の支配　② エ　(2) ① 両院協議会　② ア
(3) ① 学校　② ウ　(4) ① 普通　② ウ
(5) ① サービス　② イ　(6) ① ユーロ　② イ
(7) ① 財政　② ウ　(8) ① 65　② エ

配点
1(4) 6点　(6) 各3点×2　他 各2点×11
2(6)・(11)・(13)・(15) 各3点×4　他 各2点×11
3 各2点×16　計100点

解説

1 (地理―世界の自然と地形，農業，工業，都道府県の特徴)

(1) 図1中のAはアフリカ大陸を，Bはユーラシア大陸を，Cは北アメリカ大陸を，Dは南アメリカ大陸を示している。アについて，世界で最も高い山はアジア州に位置するエヴェレスト(チョモランマ)であることから，ユーラシア大陸について述べているとわかる。イについて，冷帯(亜寒帯)の割合が高く，南東部でハリケーンによる被害が発生することがあるのは北アメリカ大陸である。ウについて，世界最大級の砂漠はサハラ砂漠と考えられ，世界で最も長い川はナイル川なので，アフリカ大陸について述べているとわかる。エについて，世界で最も流域面積が広い川は南アメリカ大陸にあるアマゾン川である。よって，Aはウ，Bはア，Cはイとなる。

(2)　Xの地域は東南アジアを示している。東南アジアで植民地時代に開かれた大農園を，プランテーションという。

(3)　図2はオーストラリア南東部の沿岸部が示されているので，人口密度が高い地域と考えられ，イが適当とわかる。図3はオーストラリアの西部や東部が示されており，羊の飼育がさかんな地域と考えられ，エが適当とわかる。

(4)　表2の①に含まれるイタリア・日本・アメリカ合衆国はいずれも地熱発電の発電量が一定以上みられるという共通点がある。イタリアはアルプス・ヒマラヤ造山帯に位置しており，日本とアメリカ合衆国は環太平洋造山帯に位置していることが図4からわかる。よって，表2の①にふくまれる国々は，高く険しい山脈が連なり火山活動が活発な造山帯にふくまれていることがわかる。地熱発電の発電量が多い背景には，火山活動が活発な造山帯に位置していることが挙げられる。

(5)　アは岩手県，イは山形県，ウは福井県，エは大阪府，オは岡山県，カは熊本県を示している。①について，江戸時代に諸藩の蔵屋敷が置かれ，「天下の台所」と呼ばれていたのは大阪。②について，「はえぬき」の生産がさかんで，さくらんぼの生産量が全国一なのは山形県。③について，メガネのフレームの世界的な生産地としては，福井県鯖江市がある。④について，水俣病が発生したのは熊本県水俣市周辺である。よって，①はエ，②はイ，③はウ，④はカとなる。

(6)　他の地域より出荷時期を早める目的で栽培する方法を，促成栽培という。なすは夏の野菜である。高知県は温暖な気候をいかしてなすの促成栽培が盛んであることから，東京都中央卸売市場に入荷する高知県産のなすは，他の地域からの入荷量が少なく，価格が高い時期に入荷量が多いと考えられるので，イのグラフがあてはまる。

(7)　図6は，愛知県や静岡県，神奈川県，埼玉県などに工場が多く立地していることから，ウの自動車の工場の分布を示しているとわかる。

2　(日本と世界の歴史―古代～現代の政治・社会・文化史など)

(1)　a　禅の精神を取り入れて完成。　b　千利休に切腹を命じたのは豊臣秀吉。

(2)　仁徳天皇陵とされているもので，全長486m，三重の濠を巡らせた巨大な古墳。周辺地域の古墳群とともに，2019年に「百舌鳥(もず)・古市(ふるいち)古墳群」として世界文化遺産に登録された。

(3)　4世紀末，帝国の弱体化やゲルマン人の侵入によりローマ帝国は分裂した。イスラム教の開始や唐の成立は7世紀初め，アショーカ王は紀元前3世紀ごろ。

(4)　奴国の金印(57年)→卑弥呼の支配(3世紀前半)→仏教伝来(6世紀中ごろ)の順。

(5)　a　最澄は法華経に基づき，すべての人は仏性を持つと主張して天台教学を確立した。

b　藤原頼通が父・道長から譲り受けた宇治の別荘を寺としたもので，阿弥陀如来の救済を願った阿弥陀堂である。この時代，阿弥陀如来にすがり，死後極楽浄土に生まれ変わることを願う浄土信仰が広まっていた。

(6)　平治の乱でライバルの源義朝(頼朝の父)を破り，政治の実権を掌握，初の武家政権を樹立した。

(7)　a　1221年に挙兵したが失敗に終わった後鳥羽上皇は，配流地の隠岐で没した。　b　御成敗式目を制定したのは北条泰時。北条時宗は元が襲来した時の執権である。

(8)　4,500首余りの歌の中で，大伴家持の歌は1割以上に及び，編さんの中心人物と思われる。紀貫之は古今和歌集を，藤原定家は新古今和歌集をまとめた。菅原道真は遣唐使派遣の停止を訴えた人物。

(9)　武家諸法度寛永令(3代将軍家光)→生類憐みの令(5代将軍綱吉)→公事方御定書(8代将軍吉宗)→異国船打払令(11代将軍家斉)の順。

(10)　第1回十字軍は11世紀末に遠征が行われ，その後13世紀後半までくり返された。キリスト教の成立は1世紀初めのパレスチナ，ザビエルの来日は1549年，イギリスで革命を起こしたピューリタン(清教徒)はカルヴァン派の人々である。

(11)　神を中心とするキリスト教的中世社会から，近世社会へと移行する起点となった運動。文化・芸術だけでなく，科学技術の発達にも影響を与えた。

(12)　ポーツマス条約は日露戦争(1904～1905年)の講和条約である。アは1877年，イは1876年，ウは1889年。

(13)　足軽・郷士らの下級武士と農民・町人などから組織された軍隊で，「奇兵」は正規兵に対する呼び名である。

(14)　朝鮮戦争(1950年)→日本の国連加盟(1956年)→東京オリンピック(1964年)の順。

(15)　インド独立の父と呼ばれるガンディーに協力し反英闘争を指導，戦後は非同盟主義の中心人物として活躍した。

3 (公民中心の総合問題―日本国憲法，政治のしくみ，経済のしくみ，国際社会など)

(1)　①　国民の自由と権利を守るため，権力者も法に従わなくてはならないという考え方は，法の支配という。　②　内閣総理大臣を任命するのは天皇であり，国会は内閣総理大臣を指名するので，アは誤り。内閣は最高裁判所長官を指名し，その他の裁判官を任命するので，イは誤り。最高裁判所裁判官の国民審査は，衆議院議員総選挙の際に行われるので，ウは誤り。裁判官の弾劾を行う弾劾裁判所は国会に設置されるので，エは正しい。

(2)　①　国会での議決について，衆議院と参議院の議決が一致しない場合，意見を調整するために両院協議会が開かれる場合がある。なお，両院協議会は予算の議決や条約の承認，内閣総理大臣の指名において両院の議決が一致しない場合は必ず開かれ，法律案の場合は必要に応じて開かれる。　②　憲法改正の発議については衆議院の優越はないので，アが誤り。

(3)　①　地方自治は民主主義の学校であると，イギリスの法学者ブライスが著書のなかで述べている。　②　地方公共団体の仕事には，公立学校の設置が含まれるので，ウが正しい。

(4)　①　一定の年齢に達したすべての国民に選挙権と被選挙権が与えられる選挙制度を，普通選挙制という。　②　「ドント方式」では，各政党の得票数をそれぞれ1から順に自然数で割っていき，得られた商の大きい順に議席を配分する。定数6でA党が15000票，B党が20000票，C党が10000票，D党が8000票，E党が12000票を獲得した場合，A党は15000÷1＝15000，15000÷2＝7500，15000÷3＝5000，…となり，B党は20000÷1＝20000，20000÷2＝10000，20000÷3≒6667，…となり，C党は10000÷1＝10000，10000÷2＝5000，10000÷3≒3333，…となり，D党は8000÷1＝8000，8000÷2＝4000，…となり，E党は12000÷1＝12000，12000÷2＝6000，12000÷3＝4000，…となる。商の大きいものから順にB党の20000，A党の15000，E党の12000，C党とB党の10000，D党の8000となり獲得議席はA党が1議席，B党が2議席，C党が1議席，D党が1議席，E党が1議席となり，ウが正しい。

(5)　①　目に見えるものは財であるが，目に見えない(形のない)ものは，サービスという。　②　Aのウィルソンが民族自決の原則などの「14か条の平和原則」を発表したのは1918年。Bのリンカン大統領が奴隷解放宣言を出したのは南北戦争中の1862年。Cのルーズベルト大統領がニューディール政策を始めたのは1933年。Dのオバマ大統領が核兵器の廃絶をめざす決意を表明したプラハ演説は2009年。古い順に並べるとB→A→C→Dとなり，イが正しい。

(6)　①　EU(ヨーロッパ連合)で導入されている共通通貨は，ユーロである。　②　ドイツ・イギリス・フランス・イタリアのうち，人口が最も多いのはドイツであり，面積が最も大きいのはフランスなので，アがドイツ，ウがフランスとわかる。国連通常予算の分担率は，イギリスのほうがイタリアよりも高いと考えられるので，イがイギリス，エがイタリアと判断できる。2016年の国民投票においてEU離脱派が勝利した国はイギリスなので，イが適当。

(7)　①　国の行う経済活動を財政という。　②　国の歳入のうち，2018年度に最も多かったのは個人の所得にかかる所得税で，2番目に多かったXは間接税である消費税，3番目に多かったYは企業など法人の所得にかかる法人税であったので，ウの組み合わせが正しい。

(8)　①　高齢化率は，人口全体に占める65歳以上の人口の割合で表される。　②　アについて，合計特殊出生率が一番高い国は南アフリカであるが，人口は5か国の中で最も少ないので，正しい。イについて，アメリカより65歳以上人口率が高い国はフランスであるが，0～14歳人口率は5か国中2番目に低いので，正しい。ウについて，人口が一番多い国は中国で，フランスと比べ合計特殊出生率も65歳以上人口率も低いので，正しい。エについて，0～14歳人口率がアメリカより高く，合計特殊出生率がアメリカより低い国は，ブラジル1か国なので，誤りとわかる。

65 第5回 解答・解説

解答

1 (1) ウ (2) ア (3) ウ (4) ウ (5) エ (6) ア (7) オ
(8) オ

2 (1) オ (2) エ (3) ク (4) ウ (5) イ

3 (1) [名称] 前方後円墳 [記号] イ (2) a 太政大臣 [記号] エ
(3) [目的] (例)全国の石高を測れるようにするため[正確に生産高を測れるようにするため],(ばらばらになっていた枡を統一した。) [記号] イ
(4) a 化政(文化) [記号] カ (5) 征韓論
(6) [条約名] 下関条約 [記号] ア (7) 野口英世
(8) a 非核三原則 [記号] ウ

4 (1) オ (2) イ (3) ① イ ② ウ ③ ウ ④ ア ⑤ エ

5 (1) ウ (2) エ (3) エ (4) エ (5) イ (6) ア,エ

6 (1) ウ (2) ウ

配点
1 各2点×8 2 各3点×5
3(3)[目的] 6点 (5)・(7)・(8) 各3点×4 他 各2点×9
4 各2点×7
5(6) 3点(完答) 他 各2点×5 6 各3点×2 計100点

解説

1 (地理—日本の諸地域の特色,産業,地形図)

(1) Aは岩手県である。岩手県で最も多い銘柄米はひとめぼれである。

(2) アの「生長を早める促成栽培」という部分は,「成長を遅らせる抑制栽培」の誤りである。

(3) この工業地帯は大阪府を中心とする阪神工業地帯を表している。この工業地帯の工業出荷額は,機械が一番多いので,ウは誤りである。

(4) 県名と県庁所在地名が異なる県はFの島根県(県庁所在地は松江)である。

(5) Dは鳥取県,Fは島根県,Gは広島県,Hは山口県である。出雲大社は島根県,天橋立は京都府にあるので,エは誤りである。

(6) 竹島は，日本海の南西部に位置する島嶼(とうしょ)群で，急峻な地形をなす2つの島と周辺の岩礁からなり，島根県に所属する。(a)が正解である。

(7) オの記号は工場ではなく発電所であるため，誤りである。

(8) この果実はみかんである。九州地方のみかんの生産地は熊本県であり，生産量は全国第4位である。

2 (地理―世界の諸地域の特色，産業，貿易，その他)

(1) A国はインドである。Aは上位の国から考察すると茶とわかる。Bは上位の国から考察すると綿花とわかる。

(2) エのダムヌンサドゥアックなどの水上マーケットはタイでみられるものなので，エが誤りとなる。

(3) 日本の原油輸入先の1位はFのサウジアラビア，2位はCのアラブ首長国連邦(UAE)である。

(4) 選択肢の中でOPEC(石油輸出国機構)に加盟していない国は，Dのオマーン，Eのイエメンである。

(5) Cはアラブ首長国連邦(UAE)であり，この国の主要都市ドバイはかなり発展している。したがって，イが正解となる。アはBのイランはユダヤ教の国ではないので誤り，ウはDのオマーンの面積は日本より小さいので誤り，エはFのサウジアラビアは「世界の工場」とは呼ばれていないので誤りとなる。

3 (日本の歴史―古代～現代の政治・社会・文化史など)

(1) ［名称］ 後円部に埋葬し前方部で祭祀を実施，4世紀末から5世紀にかけ巨大化していった。 ［記号］ 3世紀中ごろに奈良盆地で発生，大和政権の国内統一とともに各地に広まっていった。

(2) a 律令制における最高の官職。平治の乱で実権を掌握した清盛は初めての武家政権を確立した。 ［記号］ 桓武天皇は平城京から長岡京に遷都したが責任者の暗殺などで更に平安京に移った。

(3) ［目的］ 当時は地域によって枡も統一されていなかったため，正確な収穫量の把握も難しかった。 ［記号］ 市の税を免除し特権的な座を廃止，商工業者を城下に集め経済の振興を図った(楽市・楽座)。

(4) a 文化・文政年間を中心とした文化。爛熟(らんじゅく)した文化で刹那(せつな)的・享楽的な色彩が強い。 ［記号］ アヘン戦争(1840～42年)→日米修好通商条約(1858年)→南北戦争(1861～65年)の順。

(5) 排外鎖国政策をとる朝鮮は日本の開国要求を拒否。西郷らは士族の不満を外に向ける目的もあって主張したが，欧米視察から帰国した大久保利通らの内政重視策と対立した。

(6)　［条約］　山口県の下関で締結。日本側代表は伊藤博文首相と陸奥宗光外相。　［記号］これにより朝鮮は中国の属国を脱却。アは日露戦争のポーツマス条約。

(7)　アフリカで黄熱病の研究・調査中に同病に感染して死亡。現在千円札の肖像となっているが2024年には同じく医師である北里柴三郎に交代予定。

(8)　a　1971年に国会決議された日本の核に対する基本姿勢。表明直後から疑惑がもたれていたが近年日米の密約が明らかにされ核の持ち込み黙認の事実が明確になった。　［記号］1956年日ソ共同宣言でソ連と国交が回復，同年12月国連加盟が実現した。日中平和友好条約は1978年，治安維持法と普通選挙法は1925年，アイヌ文化振興法は1997年。

4 （公民―基本的人権）

(1)　初めて社会権が認められた憲法は，オのワイマール憲法である。ワイマール憲法は1919年にドイツで制定された。

(2)　1776年にはアメリカ独立宣言が出されている。また，1789年にはフランス人権宣言が出されている。よって，イの組み合わせが正しい。

(3)　①　自白を強要されないことは，「身体の自由」(イ)にあてはまる。　②　自分の就きたい仕事を選ぶことは職業選択の自由で，「経済活動の自由」(ウ)にあてはまる。　③　住みたいところに住むことは居住・移転の自由で，「経済活動の自由」(ウ)にあてはまる。　④　自分が信じる宗教を信仰することは信教の自由で，「精神の自由」(ア)にあてはまる。　⑤　労働組合をつくることは団結権で，社会権のうち労働基本権に含まれるので，自由権にはあてはまらないのでエとなる。

5 （公民―政治のしくみ）

(1)　衆議院議員総選挙から30日以内に召集されるのは，ウの特別国会である。

(2)　内閣総理大臣の指名について，参議院が衆議院と異なった議決をした場合，両院協議会でも意見が一致しないときは，衆議院の議決が国会の議決となるので，エが誤りである。

(3)　地方公共団体間の財政格差を是正することを目的に国が地方公共団体に交付するのは，エの地方交付税交付金である。

(4)　都道府県知事の被選挙権は満30歳以上なので，アは誤り。ふるさと納税は地方公共団体への寄付なので，イは誤り。地方議会には裁判官の罷免を行う権限は認められていないので，ウは誤り。地方公共団体の仕事には，警察や消防の仕事も含まれるので，エが正しい。

(5)　日本の選挙の原則には，アの秘密選挙，ウの平等選挙，エの普通選挙，オの直接選挙があてはまるが，イの制限選挙はあてはまらない。制限選挙とは身分や財産の多寡などで選挙権や被選挙権を制限するしくみである。

(6)　小選挙区制は一つの選挙区から1人を選出する制度で，大選挙区制は一つの選挙区から2人以上を選出する制度である。小選挙区制と大選挙区制を比べたとき，小選挙区制は死票が多くなる傾向がある(エ)ことと，大政党に有利で議会で多数派がつくられやすい(ア)という特徴がある。

6 （公民―経済）

(1)　日本銀行が市中銀行から国債を買うことで市中銀行の資金量が増加し，その結果企業などへの貸し出し量が増加し，日本銀行が市中銀行へ国債を売ることで市中銀行の資金量は減少し，その結果企業への貸し出し量が減少する。よって，ウが正しい。

(2)　中東戦争を引き金に発生した石油危機によって，高度経済成長は終わり，1974年には経済成長率はマイナスを経験しているので，アは誤り。バブル経済の崩壊後，経済は低成長が続いたので，イは誤り。アメリカのサブプライムローン問題に端を発する世界金融危機の結果，日本では円高で輸出産業が不振となったので，ウは正しい。戦後の日本経済は高度経済成長を経て1970年代に石油危機を経験し，1980年代後半からのバブル景気が1990年代初頭に崩壊しているので，エは誤り。

65 第6回 解答・解説

解答

1 (1) ア (2) イ (3) オ (4) ア (5) ウ (6) ウ
(7) イ (8) エ

2 (1) エ (2) ア (3) オ (4) オ (5) ① (6) エ
(7) オ

3 (1) ① 竪穴住居 ② 三内丸山遺跡 (2) ① 宋 ② 太政大臣
(3) ① ウ ② 土倉 ③ イ ④ エ ⑤ イ
(4) ① 朱印状 ② イ ③ 外様 (5) ① イ ② 浮世絵
(6) ① エ ② 地方中枢都市 ③ ア

4 (1) A EU[ヨーロッパ連合] B 象徴 (2) イ (3) エ
(4) X 家計 Y 資本 (5) 京都(市) (6) 30(歳以上)
(7) (例)獲得議席率が得票率に近くなっており，少数意見も議席に反映されている点。 (8) ハザード(マップ) (9) エ

配点 1 3点 他 各2点×7 2 各2点×7
3(5)・(6) 各3点×5 他 各2点×12
4(7) 8点 (8)・(9) 各3点×2 他 各2点×8 計100点

解説

1 (日本と世界の地理・歴史―九州地方の自然・貿易・近現代の政治史など)

(1) 九州での行程は鹿児島(G)→福岡(C)→佐賀(B)→長崎(A)の順。

(2) 玄海灘から筑紫山地を横切り，九州最大の筑紫平野，九州山地を横断して日向灘へ。

(3) 大久保利通は西郷隆盛の幼なじみで西郷・木戸孝允とともに維新の三傑といわれた人物。政府の中心となって様々な改革を行ったが，西南戦争の翌年東京で不平士族に暗殺された。

(4) 真珠湾攻撃(1941年)→ミッドウェー海戦(1942年)→学徒出陣(1943年)→沖縄戦(1945年)の順。

(5) 弥生時代を特徴づけるのは稲作と金属器(青銅器)である。アの登呂遺跡は静岡県にある。群馬県の岩宿遺跡で発見されたのは打製石器。イの三内丸山遺跡は青森県にある。エで置か

れたものは埴輪で，土偶は縄文時代のもの。

(6)　X—長崎の原子爆弾投下は8月9日。8月6日には広島に原子爆弾が投下された。　Y—ソ連によるキューバへのミサイル基地建設に対し，アメリカが海上封鎖を行い，一触即発の状況になった。

(7)　(あ)1910年に併合したのは朝鮮である。　(う)アジア地域からの輸入量は中国以外の国は増加している。

(8)　A—大陸棚が広がり海底油田の採掘も行われている海。　B—暖流の北大西洋海流と偏西風の影響により，温和で雨は少なく一年を通じて平均して降る気候。

2　(地理—世界と日本に関する問題)

(1)　エ　インドの10ルピー紙幣。マハトマ・ガンディーの肖像が描かれている。公用語のヒンディー語，準公用語の英語のほか，多くの言語が話されている。

(2)　ア　アメリカのプレーリーの地域とAがだいたい一致し，ここが小麦地帯となっている。Bのあたりではとうもろこしや大豆の栽培が行われている。綿花はメキシコ湾沿いの地域，肉牛の飼育はAの西のあたり。

(3)　オ　ブラジルには日本から1970年頃までにかなりの数の移民が渡っている。アのメスチソは原住民のインディオと白人の混血，イはペルーに多いのはインディオやメスチソ，ウもボリビアに多いのはインディオやメスチソ，エはポルトガル語を使うのはブラジルなのでそれぞれ誤り。

(4)　2月7日午前11時と2月6日午後9時との間の時差は14時間になる。日本からイギリスまでの時差が9時間になるので，本初子午線から西経側に75°の西経75度の地点を探すと，オのニューヨークになる。

(5)　①　図は25000分の1の地形図。地図中の等高線と標高が書かれている場所から判断して，①は110m以上の場所になる。

(6)　エ　熊本で問題となった四代公害病は有機水銀が原因の水俣病。アは千島海流でなく対馬海流，イは南部でなく北部，ウは現在では鉄鋼の生産はほとんどなく，自動車の組み立てなど，オの屋久島は鹿児島県に属し，世界自然遺産に登録されている。潜伏キリシタンの遺跡との関係はない。

(7)　オ　近畿地方は，北は京都府や兵庫県で日本海に面し，南は紀伊半島が太平洋側に面している。中央の低地部に京都，大阪，神戸の三大都市があり，鉄道網や都市圏が広がっている。また，世界遺産は京都府に1，奈良県に3，兵庫県に1，大阪府に1ある。

3 (地理，歴史―都市，古代～近代)

(1) ① 縄文時代の住居は，竪穴住居である。 ② 青森市にある，縄文時代の大規模な遺跡は三内丸山遺跡である。

(2) ① 平清盛は日宋貿易を行っており，中国の王朝名は宋となる。 ② 平清盛は，武士として初めて太政大臣となっている。

(3) ① 高麗を倒して朝鮮という国を建てたのは，李舜臣ではなく李成桂なので，Xは誤り。15世紀前半に成立した琉球王国は東アジアと東南アジアの国々とを結ぶ中継貿易で栄えたので，南北朝時代から戦国時代にかけての様子として，Yは正しい。シャクシャインが戦いをおこしたのは江戸時代のできごとなので，南北朝時代から戦国時代にかけての様子としては，Zは誤り。 ② 南北朝時代から戦国時代にかけての時期に，京都や奈良などで高利貸しを営んだものとしては，土倉や酒屋がある。 ③ アの東大寺南大門は鎌倉時代，イの東求堂同仁斎は室町時代，ウの平等院鳳凰堂は平安時代，エの唐獅子図屏風は安土桃山時代につくられている。南北朝時代から戦国時代にかけての時期に含まれるのは室町時代なので，イが正しい。 ④ 資料には「甲州」という語句があることから，甲斐(現在の山梨県)の戦国大名である武田氏が定めた決まりと考えられ，エが正しいと判断できる。 ⑤ aの足利義昭が京都から追放されて室町幕府が滅んだのは1573年。bの安土城が築かれたのは1576年。cの長篠の戦いは1575年。よって，年代の古い順に並べるとa→c→bとなり，イが正しい。

(4) ① 徳川家康が大商人や大名に与えた海外への渡航許可証は，朱印状という。朱印状を与えられた船による貿易を朱印船貿易という。 ② アの東ローマ帝国が滅亡したのは15世紀の1453年。イのイギリスでピューリタン革命がおこったのは17世紀の1640年。ウのスペインがインカ帝国を滅ぼしたのは16世紀前半。エのインド大反乱がおこったのは19世紀の1857年。よって，17世紀の世界の出来事について述べているのはイとなる。 ③ 江戸幕府において，関ヶ原の戦い前後に徳川家に従った大名は，外様大名である。

(5) ① 松尾芭蕉は江戸時代の元禄文化のころに活躍した人物である。元禄文化は上方を中心とした町人文化なので，イが正しい。 ② 菱川師宣は，浮世絵の祖で，『見返り美人図』などの作品で知られる。

(6) ① アの地租改正は1873年に実施された。イの五箇条の御誓文は1868年に出された。ウの版籍奉還は1869年に行われた。エの廃藩置県は1871年に行われた。よって，年代の古い順に並べるとイ→ウ→エ→アとなり，3番目になるのはエである。 ② 仙台市や札幌市，広島市，福岡市などの，その地方の政治・経済・文化の中心となっている都市を，地方中枢都市という。 ③ 七五三は11月に行われる年中行事である。また，4月に行われるシャカの生誕を祝福するのは花祭りである。よって，アの組み合わせが正しい。

4 （公民―日本国憲法，選挙，経済，環境，時事問題）

(1) A―イギリスは，2016年に行われた国民投票の結果を受けEU（ヨーロッパ連合）からの離脱交渉を続けていた。イギリスは2020年2月1日にEU（ヨーロッパ連合）から離脱している。B―日本国憲法では，第1条に天皇は日本国と日本国民統合の象徴であることが規定されている。

(2) 日本国憲法の改正は，日本国憲法第96条第1項で各議院の総議員の3分の2以上の賛成で国会がこれを発議し国民投票で過半数の賛成を得なければならないことが規定されており，発議については衆議院の優越は認められていないので，イが正しいとわかる。また，ウが誤っていることもわかる。アについて，憲法改正案は，憲法審査会または衆議院議員100人以上の賛成（参議院議員50人以上の賛成）による提出で始められるので，誤りとわかる。エについて，改正された憲法は，天皇が国民の名で公布することが日本国憲法第96条第2項で規定されており，誤りとわかる。

(3) エの弾劾裁判所の設置は国会の仕事であり，天皇の国事行為にはふくまれない。アの内閣総理大臣の任命と，イの最高裁判所長官の任命，ウの国会の召集はいずれも日本国憲法に規定されている天皇の国事行為である。

(4) X―経済の3つの主体には，家計，企業，政府がある。 Y―道路・港湾などの社会全体に必要なものは，社会資本という。

(5) 1997年に開かれた，地球温暖化防止を話し合う国際会議は，京都市で開かれた温暖化防止京都会議（気候変動枠組条約第3回締約国会議，COP3）であり，先進国に温室効果ガスの排出削減を義務づける京都議定書が採択されている。

(6) 参議院議員の被選挙権は，満30歳以上の国民に与えられている。なお，衆議院議員の被選挙権は満25歳以上である。

(7) 表からは，選挙区選挙では政党の得票率と獲得議席率に大きな差がある場合が多くみられるのに対して，比例代表制選挙では得票率と獲得議席率に大きな差はみられない。よって，国民の意思の反映という面から見ると，比例代表制選挙のほうが選挙区選挙に比べて獲得議席率が得票率に近くなっており，少数意見も議席に反映されているという点で優れていると捉えられる。

(8) 豪雨によってもたらされる洪水の発生しやすい地域を示すなど，自然災害による被害を予測し，その被害範囲について地図に示したものを，ハザードマップ（防災マップ）という。県や市町村など各地域でつくられている。

(9) 近年の日本の選挙では，若者の投票率が低いことが問題となっており，エが正しい。

65 第7回 解答・解説

解答

1 (1) (2月)4(日)17(時) (2) A え C い (3) NAFTA
(4) A, B, E (5) E あ F い (6) エ (7) B カ D ウ

2 (1) C 浜名湖 D 琵琶湖 (2) 1 利根 2 干拓 (3) え

3 (1) ウ (2) イ (3) ウ (4) カ (5) ウ (6) イ
(7) エ (8) ア (9) ア

4 (1) 3 (2) ウ (3) ア (4) エ

5 (1) ウ (2) イ (3) ア (4) ウ (5) ウ (6) エ (7) 1
(8) ウ (9) ウ (10) エ (11) エ (12) ウ (13) エ

6 (1) [西暦] 1995(年) [仮説] (例)兵庫県南部地震の発生により，防災関係予算額が高くなった。 (2) エ (3) イ (4) イ (5) アイヌ

配点 1(1)・(4) 各3点×2(完答) 他 各2点×8 2 各2点×5
3 各2点×9 4 各2点×4 5 各2点×13
6(2) [仮説] 6点 他 各2点×5 計100点

解説

1 (地理―世界の自然と機構，国々の特徴，貿易)

(1) 図は30度ごとに経線が引かれており，ロサンゼルス(A)は西経120度付近に位置している。日本は東経135度線を標準時子午線としているので，日本とロサンゼルスの時差は(135＋120)÷15＝17時間となる。日本を2019年2月5日0時5分に出発して，所要時間9時間55分でロサンゼルスに到着したとき，ロサンゼルスの到着時間は日本時間で2019年2月5日10時となる。日本とロサンゼルスでは日本のほうが日付変更線から西へ進むと近いことから，日本のほうが時刻は進んでいるとわかる。よって，日本時間で2019年2月5日10時のとき，ロサンゼルスは17時間前の2月4日17時となる。

(2) Aはアメリカ西海岸に位置しており地中海性気候，Cはフランス北部に位置しており西岸海洋性気候と考えられる。表の**あ**は1月よりも7月のほうが平均気温は低いことから南半球に位置しているとわかる。表の**い**は北半球に位置する4つのなかで1月と7月の降水量の差が

最も小さいことから，平均して降雨がみられる西岸海洋性気候，表の**う**は1月と7月で平均気温の差が3.0℃しかないことや1月が14.0℃，7月が17.0℃と平均気温が高くないことから高山気候と考えられる。表の**え**は気温が高い7月に降水量が少なく気温が低い1月に降水量が多いことから夏に乾燥する地中海性気候，表の**お**は7月の平均気温が25℃を超えている一方で1月の平均気温が2.8℃と低く，7月(夏)は降水量が多く1月(冬)は降水量が少ないことから，温暖湿潤気候と判断できる。Aは北半球に位置する地中海性気候なので**え**，Cは北半球に位置する西岸海洋性気候なので**い**とわかる。なお，Bは**う**，Eは**お**，Fは**あ**となる。

(3)　Aはアメリカ合衆国，Bはメキシコに位置している。この2か国にカナダを加えた3か国で1994年に発効した貿易に関する取り決めは，NAFTA(北米自由貿易協定)である。

(4)　Cはフランス，Dはイタリア，Eは中国，Fはオーストラリアに位置している。6か国のうち，人口が1億人以上なのは，A(アメリカ合衆国)，B(メキシコ)，E(中国)の3か国。

(5)　日本はE(中国)からは機械類や衣類などを輸入しているので，表の**あ**と判断できる。日本はF(オーストラリア)からは石炭や鉄鉱石などを輸入しているので，表の**い**と判断できる。なお，表の**う**はB(メキシコ)，**え**はD(イタリア)，**お**はC(フランス)となる。

(6)　Bが属するメキシコは，スペイン語が公用語となっている。アのアルゼンチン，イのエクアドル，ウのコロンビア，オのペルーはいずれもスペイン語が公用語となっているが，エのブラジルはポルトガル語が公用語となっている。

(7)　アは「サンベルト」などからアメリカ合衆国(A)とわかる。イは「発電量のうち原子力が7割以上を占める」などからフランス(C)とわかる。ウは「首都にカトリックの総本山を擁する独立国が存在」とあるが，その独立国はイタリアのローマにあるバチカン市国なので，イタリア(D)とわかる。エは「沿岸部と内陸部の経済格差が著しく」から中国(E)とわかる。オは「国土の中央部を中心に乾燥地域が広がり」などからオーストラリア(F)と判断できる。カは「国土の大部分が高原」「アステカ文明」からメキシコ(B)とわかる。

2　(日本の地理―日本の国土と自然，都道府県の特徴)

(1)　C　静岡県西部に位置する，かつては淡水湖であった湖は浜名湖。　D　滋賀県中央部に位置する，日本最大の湖は琵琶湖。

(2)　1　流域面積が日本最大の河川は，利根川である。　2　湖に堤防を築きポンプで中の水を外に排水して陸地化する方法を，干拓という。

(3)　各県の県庁所在地は，茨城県は水戸市，秋田県は秋田市，静岡県は静岡市，滋賀県は大津市である。4都市のうち，人口が最も多いのは政令指定都市でもある静岡市なので，表の**あ**が静岡市とわかる。**あ**(静岡市)に次いで製造品出荷額等が多い表の**え**が，水戸市と考えられる。表の**い**は2016～2017年の人口減少率が4つの都市のなかで最も低いことから大津市，表の**う**は4つの都市の中で人口の減少率が最も高いことから秋田市と考えられる。

3 (日本と世界の歴史―政治・社会・経済史)

(1) 植民地側は，議会に代表を送ることを認めてもらえず，それが長年の不満であった。そのため，新税に対して「代表なくして課税なし」というスローガンをもとに独立戦争をおこした。そして，軍最高司令官はワシントンであった。

(2) ロックの唱えた社会契約説と抵抗権が，独立宣言に大きな影響を与えている。

(3) 社会権は，ワイマール憲法によって初めて保障されたので，ウが誤りである。

(4) フランス革命は，バスティーユ牢獄襲撃から始まり，フランス人権宣言発布，そして，国王ルイ16世の処刑と続いていく。

(5) ナポレオンは，法のもとの平等，経済活動の自由，家族の尊重を定める民法典(ナポレオン法典)を制定し，革命の理念を広めた。

(6) 綱吉の政治は，17世紀末から18世紀はじめである。

(7) イギリス産業革命当時のエネルギー源は石油ではなく，石炭である。

(8) 資本主義の広がりは，貧富の差をもたらしているため，アが誤りである。

(9) 官営模範工場設置，八幡製鉄所操業，軍艦島設置などは日本の産業革命のシンボルといえる。

4 (日本と世界の歴史―各時代の特色，日本史と世界史の関連)

(1) コロンブスは西インド諸島に到達し，バスコ＝ダ＝ガマはアフリカの南端を回ってインド航路を開き，マゼラン隊は世界一周を成し遂げた。

(2) オランダは，スペインから独立している。

(3) A：ザビエルがキリスト教を伝える(1549年)→B：太閤検地(1582～1598年)，刀狩令(1588年)→C：関ヶ原の戦い(1600年)である。

(4) 信長は，鉄砲を有効に使った戦い方により，甲斐の大名武田勝頼(信玄の息子)を長篠の戦いで破った。

5 (公民―日本国憲法，人権，政治，経済，国際社会)

(1) 「天皇ハ神聖ニシテ侵スヘカラス」は大日本帝国憲法第3条の規定であり，日本国憲法の規定ではないので，ウが誤っている。

(2) 郵政民営化は2000年代に小泉純一郎内閣によって進められたので，イが誤っている。なお，竹下登内閣は1989年に消費税を導入している。また，中曽根康弘内閣では国鉄の分割民営化などが行われた。

(3) 裁判員は20歳以上の有権者の中から抽選で選ばれるので，アが誤っている。選挙権は2016年に20歳から18歳に引き下げられている。

(4) 1997年のアイヌ文化振興法においてアイヌ民族の存在を法律に明記しており，アは誤り。北海道旧土人保護法は1899年に成立し，アイヌ文化振興法の制定によって廃止された。2001年にDV防止法(配偶者からの暴力の防止及び被害者の保護等に関する法律)が施行されており，イは誤り。女性差別撤廃条約を批准するために1985年に男女雇用機会均等法が制定されたので，ウが正しい。身体障害者雇用促進法は1960年に制定されている。また，障害者の雇用については，法定雇用率を下回っている分野も多い。よって，エは誤り。

(5) 日本国憲法の改正については，第96条第1項で「この憲法の改正は，各議院の総議員の3分の2以上の賛成で，国会が，これを発議し，国民に提案してその承認を経なければならない。この承認には，特別の国民投票又は国会の定める選挙の際行はれる投票において，その過半数の賛成を必要とする。」，第2項で「憲法改正について前項の承認を経たときは，天皇は，国民の名で，この憲法と一体を成すものとして，直ちにこれを公布する。」と規定されている。よって，ウが正しい。憲法改正の発議は，各議院の総議員の3分の2以上の賛成が必要なので，アは正しくない。憲法改正の投票権は，国民投票法で満18歳以上の日本国民と規定されており，イは誤り。憲法改正は国民投票で承認された後は，天皇が国民の名で新憲法を公布するので，ウは誤り。

(6) 表の右下がりの曲線は需要，右上がりの曲線は供給を表しているので，アは誤り。図中Aの領域は，供給が過剰な状態を表しているので，イは誤り。図中Bの領域は，需要が過剰な状態を表しているので，ウは誤り。図中Cの交点は均衡価格と呼ばれ，需要と供給が一致していることから適正な価格と数量を表しているといえるので，エが正しい。

(7) アの1989年に税率3％で消費税を導入したのは竹下登内閣。イの1997年に消費税率が5％に引き上げられたときの内閣は橋本龍太郎内閣。ウの2014年に消費税率が8％に引き上げられたときの内閣は安倍晋三内閣。よって，1の組み合わせが正しい。

(8) ペイオフは2005年に全面解禁されたので，アは誤り。ペイオフは金融機関が破たんした場合に，預金者に一定額が預金保険機構の保険金から直接支払われる仕組みである。ゼロ金利政策は，日本銀行が無担保コール翌日物金利を実質0％にした政策なので，イは誤り。2016年に日本銀行はマイナス金利政策を実施し，市中銀行が日本銀行に預けている預金の一部に対して手数料を支払うようになったので，ウが正しい。金融政策と財政政策は役割分担をしながら経済の安定化を進めようとするので，無関係ではなく，エは誤り。

(9) 介護保険制度は，介護サービスの費用の原則として9割を保険給付され，残りの1割を自己負担するもので，全額給付されるものではないことから，ウが誤っている。

(10) NAFTA(北米自由貿易協定)はアメリカ・カナダ・メキシコの3か国によるもので，チリやアルゼンチンが加盟したことはないので，アは誤り。国際協力による為替の安定化や国際収支の均衡を図るのはWTO(世界貿易機関)ではなくIMF(国際通貨基金)なので，イは誤り。APEC(アジア太平洋経済協力)にインドは参加していないので，ウは誤り。TPPは，2015年に12か国で大筋合意に至ったものの，2017年にアメリカが離脱を表明し，2018年には11か国でTPP11が署名されたので，エが正しい。

(11)　非核三原則は日本国憲法には規定されていないので，アは誤り。核拡散防止条約は1970年に発効しており，アメリカ・イギリス・ロシア・フランス・中国は核保有国として扱われており，イは誤り。包括的核実験禁止条約は爆発をともなうすべての核実験を禁止しており，1996年の国連総会において採択されているが，発効していないので，ウは誤り。安倍晋三首相は，アメリカのトランプ大統領と北朝鮮の非核化に向けて，緊密に連携し，制裁と圧力を維持する考えを一致させたので，エが正しい。

(12)　1972年にスウェーデンで開かれたのは国連人間環境会議で，「かけがえのない地球」をスローガンに人間環境宣言が採択されたので，アは誤り。1997年に採択された京都議定書では，先進国に基準年からの温室効果ガスの削減目標が義務づけられたが，アメリカは経済への悪影響を理由に離脱しており，イは誤り。世界の文化遺産・自然遺産の保護を目的に，世界遺産条約が採択されたので，ウが正しい。福島第一原発事故よりも前から，大量の放射性物質の飛散が人体などに与える影響については検証されており，エは正しくない。

(13)　国際連合の本部はアメリカのニューヨークに置かれているので，エが正しい。

6 (総合―自然災害を題材にした地理，歴史など)

(1)　資料2から，防災関係予算額が最も高い年は平成7年(西暦1995年)であることが読み取れる。また，資料1で，平成7年の欄をみると，「平成7年兵庫県南部地震(阪神・淡路大震災)」とある。すなわち，平成7年に兵庫県南部地震が発生したため，防災関係予算額が最も高くなったのではないかと，仮説をたてることができる。

(2)　平成30年9月に起きた北海道胆振東部地震では，震源地に近い厚真町で大規模な土砂崩れが発生した。また，札幌市の清田地区では，液状化現象が起き，道路の陥没や，建物が傾くという被害もみられた。また，厚真町の苫東厚真火力発電所が地震によって緊急停止し，連鎖的に他の発電所も停止したことで，電力の需給バランスがくずれ，北海道全域での停電(ブラックアウト)が発生した。しかし，この地震による津波は発生しなかった。

(3)　西海道は，五畿七道の一つで，現在の九州地方。畿内に接していないため，筑前(現在の福岡県)に大宰府という役所が設置された。

(4)　甲府盆地はフォッサマグナに沿う断層盆地。盆地内には多くの扇状地が複合している。火山活動とは無関係である。

(5)　アイヌは，樺太・千島・北海道に古くから住む，アイヌ語を母語とする民族。狩猟や交易を生業としていたが，北海道の開拓が始まった江戸時代末期から，進出した日本人により同化を強いられた。

65 第8回 解答・解説

解答

1 (1) イ (2) ウ (3) ウ (4) ア (5) エ (6) イ
(7) エ (8) ア

2 (1) ① 焼畑(農業) ③ 地中海式農業 (2) ゲル (3) ウ，エ
(4) カ (5) D オ E ア F キ (6) アンデス

3 (1) 1 多摩 2 地方中枢 (2) エ (3) ウ
(4) (例)年齢の高い人が増加してきたため，エレベーターのない古い建物では暮らしにくくなってきた。
(5) イ (6) ア

4 (1) ア (2) ウ (3) エ (4) イ (5) ア (6) オ
(7) イ

5 (1) エ (2) ア (3) エ (4) ウ (5) ア (6) ウ

6 (1) ウ (2) 合計特殊出生率 (3) イ (4) エ (5) ア
(6) ア (7) イ (8) エ (9) エ (10) ウ

配点 1 各2点×8 2(3)・(6) 各3点×2(3は完答) 他 各2点×7
3(4) 6点 他 各2点×6 4 各2点×7 5 各2点×6
6 各2点×10 計100点

解説

1 (総合ー自然・近代の政治史・人権など)

(1) マレー半島はもう一つの造山帯であるアルプス・ヒマラヤ造山帯に属する。
(2) ホンコンに隣接するシンセンなどに設けられた外国の資本や技術を導入するための特区。
(3) 寒流である親潮の上空を吹く北東風。冷害を引き起こし凶作風と恐れられた。
(4) 縄文時代は現代より暖かく，関東平野の内部まで海が大きく浸入(縄文海進)していた。
(5) フビライの要求を拒んだ執権。元寇への対応の中で北条氏の専制政治を強めていった。
(6) 柳条湖での鉄道爆破を契機に満州を占領，翌年には満州国を建国した。
(7) 「権力を持つ者はこれを濫用する」と説き，権力の分立を主張した啓蒙思想家。

(8)　リテラシーとは読み書き能力。ここから転じてある分野に関する知識や能力を意味する。

2　(地理―世界の地理に関する様々な問題)

(1)　①　北回帰線と南回帰線の間に広がる熱帯地域中心に行われ，キャッサバ・タロイモ・トウモロコシなどの作物を育てる農業である。　③　地中海沿岸で行われる農業である。

(2)　木製の骨組みに羊の毛のフェルトをかぶせて組み立てる住居である。

(3)　イギリス南部では混合農業が行われていることから，ウは誤りである。混合農業とは，北西ヨーロッパを中心にした農業で，安定した降水量を活かす形でトウモロコシ・小麦などの穀物と牧草などの飼料を輪作し，肉牛や豚などの家畜の飼育を並行して行うものである。ニュージーランドでは，酪農や果樹栽培が盛んに行われていることから，エは誤りである。

(4)　リャマはアンデス地方に生息するラクダ科の動物，カリブーはシカ科に属するトナカイの中で北アメリカに生息しているもの，ヤクはチベットなどの高地に生息するウシ科の動物である。

(5)　D　自走式の散水管による灌漑(かんがい)設備のことである。　E　ロッキー山脈から流れ出た川によって形作られた堆積平野の総称である。　F　運動量を制限して牛を太らせる方式である。イは，アメリカとカナダの国境に位置するスペリオル湖・ヒューロン湖・ミシガン湖・エリー湖・オンタリオ湖のことである。ウは，グレートプレーンズの東側に広がる，ミシシッピ川が流れる平原のことである。エは，アメリカの大西洋岸の南端に突き出た半島で，大西洋とメキシコ湾を分けている。カは，イランの乾燥地域にみられる地下用水路のことである。クは，熱帯・亜熱帯地域につくられた，単一作物を大量に栽培する大規模農園のことである。ケは，農作物の収量増大を目指した様々な品種改良のことである。

(6)　南アメリカ大陸西側に位置する世界最長の山脈である。

3　(地理―日本の地理に関する様々な問題)

(1)　1　1966年以降，18次に及ぶ都市計画の決定・変更を重ねて段階的に整備された地域である。　2　1988年の第5次全国総合開発計画で位置づけられたものである。

(2)　常住夜間人口がいわゆる人口のことを表していることと，東京都に次いで，神奈川県は全国2位，大阪府は全国3位，愛知県は全国4位の人口であることを併せて判断する。アは愛知県，イは大阪府，ウは三重県，エは神奈川県であることがわかる。

(3)　名古屋圏を考えると，愛知県には濃尾平野・岡崎平野などが広がっていることから，農業に適している土地が少ないとしているウは誤りである。

(4)　ニュータウンは一斉に入居が行われていることが多いので，日本で起きている少子高齢化の影響を受けやすい点，高度経済成長期を中心に造成されていることからバリアフリーが十分でない点などに注目してまとめればよい。

(5)　鳥取県は日本海側の気候に属するので，冬の降水量が多くなる特色に注目する。アは冬でも気温が高いことから南西諸島の気候に属する沖縄県，ウは年間降水量が少なく冬の平均気温が0℃を少し下回っていることから内陸性の気候に属する長野県，エは夏の降水量が多いことから太平洋側の気候に属する高知県である。

(6)　北海道の漁業生産量は昭和62年が約320万t，平成29年が約90万tであることから，アは誤りである。

4　(日本と世界の歴史―原始～近世の政治・社会・文化史など)

(1)　ナウマンゾウなどは大陸から移動，狩猟・採集で暮らし土器は作られていない。

(2)　口分田は6歳以上の男女に支給(女子は男子の3分の2)，奴婢(ぬひ)にも3分の1が支給された。

(3)　遣唐使の廃止(894年)→平将門の乱(935年～39年)→保元の乱(1156年)の順。

(4)　「下剋上する成出者」とは急に出世した楠木正成や名和長年などを指したといわれる。

(5)　西廻り航路とは江戸時代に整備された日本海沿岸から下関を経て大坂に至る航路。

(6)　シャクシャインの戦い(1669年)→公事方御定書(1742年)→大塩の乱(1837年)の順。

(7)　尾形光琳は琳派といわれる豪快な装飾画を大成した。松尾芭蕉は井原西鶴，近松と並ぶ元禄の3文人。葛飾北斎は化政文化を代表する浮世絵師。近松門左衛門は歌舞伎や人形浄瑠璃の脚本家。

5　(日本と世界の歴史―近・現代の政治・経済史など)

(1)　綿糸の輸出が輸入を上回ったのは1897年，紡績会社の数は3倍程度しか増えていない。

(2)　ベルサイユ条約で中国の主張が認められなかったことで反日運動が全国に拡大。国際連盟はウィルソンの提案に基づいて設立。三・一独立運動は朝鮮，ローズベルトは第二次世界大戦時の大統領。

(3)　1912年，尾崎行雄や犬養毅らが中心となり「閥族打破・憲政擁護」を叫び倒閣運動を展開。なお，アは1923年，イは1925年，ウは1922年。

(4)　マレー半島北部のコタバルに奇襲上陸，マレー沖でイギリス戦艦を撃沈するなど戦果を挙げた。

(5)　地主から土地を強制買収して小作人に安く売り渡すことで農村の封建的な関係を打破。学制の制定は1872年，沖縄返還は1972年，国家総動員法は日中戦争開戦後の1938年。

(6)　GNP2位(1968年)→石油危機(1973年)→バブル経済(1986年～91年ごろ)の順。

6　(公民―憲法・政治のしくみ・経済生活など)

(1)　内閣不信任案が可決され衆議院が解散された時も，総選挙後の特別会冒頭で内閣は総辞職する。弾劾裁判と国政調査権は国会，最高裁判所長官の任命は天皇の国事行為。

(2)　人口を維持するには2.07が必要といわれるが，日本は1.4前後となっている。

(3)　公共の利益を目的に国や地方自治体が参加した様々な形態の企業も存在する。

(4)　最高裁判所では違憲状態より一歩進んだ違憲判決も2度出されている。アは普通選挙，イの死票は投票率とは無関係，エの選挙の定数は公職選挙法に規定。

(5)　労使対等の原則は労働基準法2条，男女同一賃金は同法4条に規定。

(6)　憲法や法律に基づく住民投票(特定法の住民投票，直接請求権など)と異なり条例に基づく住民投票には法的拘束力はない。しかし，行政が住民の意思を無視することも難しい。

(7)　消費税の導入により間接税が増えてはいるが，その割合が4割程度となっている。

(8)　高齢社会の進展で社会保障関係費は3割以上と歳出の第1位を占めている。

(9)　国防や治安維持など政府の役割をできるだけ小さくしようとする考え。

(10)　国際司法裁判所は当事者間での合意が前提。日本は韓国に対し竹島の帰属問題の共同提訴を呼びかけているが，韓国はこれを拒否し一向に進展していない。

65 第9回 解答・解説

解答

1 (1) エ (2) エ (3) A ネパール B ベトナム
(4) ⅰ) アラブ首長国連邦[UAE] ⅱ) ハブ空港 (5) イ

2 (1) ア (2) ア (3) [野菜] ウ [畜産] ア
(4) [千葉県] オ [鹿児島県] ア (5) [青森県] オ [兵庫県] カ

3 (1) A カ B ク C イ (2) イ (3) ア (4) エ
(5) 大和絵 (6) エ (7) 須恵器 (8) ア (9) シルクロード
(10) 二毛作 (11) 鍋島直正
(12) (例)倭寇を取り締まるねらい／日本に，明に対する朝貢の姿勢を示させるねらい (13) 金閣

4 (1) 二十一か条の要求 (2) 辛亥革命 (3) ロシア (4) 加藤高明
(5) ウ (6) B

5 (1) ① 生存権 ② インフォームド・コンセント
(2) ① イ ② ASEAN ③ ア
(3) ① ウ ② エ ③ ウ ④ ア
(4) ① ウ ② ベンチャー(企業) (5) ① 社会資本 ② エ
(6) ① エ ② イ ③ ウ

配点 1 各2点×7 2 各2点×8
3 (1)・(2)・(3) 各1点×5 (12) 3点 他 各2点×9
4 各2点×6 5 各2点×16 計100点

解説

1 **(地理―世界の自然，アジア，南アメリカ，交通)**

(1) ブラジルは，中南米で唯一ポルトガル語を公用語としているので，アは適当。ブラジル以外の中南米の多くの国々はスペイン語を公用語としている。ブラジルは中南米でもっとも多く日系人が生活しているので，イは適当。コーヒー豆の生産量が世界第1位なのはブラジルなので，ウは適当。メスチソはインディオと白人の混血の人々であるが，ブラジルでは白

人やムラートと呼ばれる白人と黒人の混血の人々の割合が高いので，エが適当でない。

(2) 現在のブラジルの首都はブラジリアなので，アは適当でない。サンパウロはブラジル最大の都市でリオデジャネイロがブラジル第2の都市なので，イは適当でない。サンパウロはブラジル南東部に位置しており，アマゾン川の流域には位置していないので，ウは適当でない。サンパウロはほぼ南回帰線上に位置し，温暖湿潤気候がみられるので，エが適当。

(3) A 国民の多くがヒンドゥー教徒で，仏教の創始者シャカの生誕地がある国は，ネパールである。 B 中国と接しており，南北に細長く，南部にある大きな河川の三角州が世界有数の米作地帯となっている国は，ベトナムである。

(4) i) ドバイはアラブ首長国連邦(UAE)を構成する首長国のひとつである。 ii) 多くの路線が乗り入れ，乗客の乗り継ぎや貨物の積み替えの拠点となっている空港は，ハブ空港という。

(5) 翔太君は，成田空港から乗った飛行機が中国上空を通過し，中東のドバイに到着し，乗り継いでいる。乗り継いだ飛行機がサンパウロに到着している。イのアンデス山脈は南アメリカ大陸の西部に位置しており，ドバイからサンパウロへ向かうときには通過しないと考えられる。

2 (日本の地理ー気候，農業，工業，都道府県の特徴)

(1) 岐阜県高山市は中央高地に位置していることから，冬の平均気温が低いと考えられ，アと判断できる。石川県輪島市は日本海に面しており，冬に降水量が多くなる日本海側の気候がみられることから，ウとわかる。なお，岐阜県岐阜市は岐阜県高山市よりも標高が低く温暖と考えられるので，イとなる。

(2) 地図中に示されている工場は山口県や埼玉県に多いことや，北海道から沖縄県まで各地にみられることなどから，アのセメントの生産と判断できる。イの半導体の生産は九州地方や東北地方の空港や高速道路のインターチェンジ周辺に多く立地している。ウの自動車の組み立て工場は愛知県などに多いと考えられる。エの製鉄所は太平洋側の臨海部に多いと考えられる。

(3) アは北海道や鹿児島県，宮崎県などが高位となっていることから，畜産と判断できる。イは和歌山県と山梨県で高位となっていることから果実と判断できる。ウは大都市やその周辺で高位や中位の都府県が多いことから野菜と判断できる。エは東北地方や北陸地方で高位が多いことから米と判断できる。

(4) 印刷や情報通信機器が上位に含まれているイは東京都と判断できる。輸送用機械の割合が50％を超えているウは，自動車産業が盛んな愛知県とわかる。石油・石炭製品や化学，鉄鋼が上位を占めているオは金属工業や化学工業が盛んな京葉工業地帯が立地している千葉県とわかる。残ったアとエのうち，アでは「飲料・飼料」が，エでは「木材・木製品」に着目すると，飼料は畜産が盛んな地域で必要とされることからアは鹿児島県，木材・木製品は林業が盛んな地域と考えられるのでエは「秋田杉」などで知られる秋田県と判断できる。

(5)　海水浴場が0なのは内陸県と考えられることから，イは長野県とわかる。スキー場が全くないアとウは，千葉県か鹿児島県のどちらかと考えられる。ゴルフ場は大都市から日帰り可能な地域に多く立地することから，大都市からの日帰りが容易ではない青森県が，ゴルフ場の数が少ないオと考えられる。兵庫県は北海道に比べるとスキー場の数は少ないと考えられるので，エが北海道となり，カが兵庫県となる。

3　(日本と世界の歴史―古代～近世の政治・経済・文化史など)

(1)　A　百済は高句麗や新羅と対立し日本(倭)に接近した。　B　栄西は比叡山で学んだ後中国にわたり，臨済宗を学んで帰国した。　C　雪舟は明にわたり多くの技法を学び，水墨画を大成させた。山口で大内氏の庇護(ひご)のもと活躍した禅僧である。

(2)　冠位十二階は，徳・仁・礼・信・義・智という儒教的徳目を大小に分け冠の色で示した，最初の位階制度である。

(3)　桓武天皇は長岡京に遷都(784年)したが，責任者の暗殺事件などでこれをあきらめ，平安京に再度遷都(794年)した。

(4)　中臣(藤原)鎌足の発願による寺院。広大な荘園を持ち，中世には守護を兼ね大和一国を支配した。

(5)　日本の風俗や自然風景を描いた絵画。和歌とともに屏風や巻物などに描き鑑賞された。

(6)　1609年，朝鮮との国交を回復した対馬藩は己酉(きゆう)約定を結んで交易を独占した。

(7)　古墳時代中期から鎌倉時代まで用いられた土器。ろくろを利用して成形し，登り窯を用いて1000℃以上の高温で焼成された。かたく吸水性が少ない。

(8)　もっとも典型的なポリスがアテネやスパルタ。カーバ神殿はメッカにある石造の聖殿。太陽暦がつくられたのはエジプト，水道橋や円形闘技場は古代ローマ文明。

(9)　中国産の絹がこの道を通って西方にもたらされたことから命名された。

(10)　1年に同一の耕地に2回別の作物を作付けすること。一般には稲を刈入れた後に麦をまいた。

(11)　朝鮮の役で連行された陶工が有田(佐賀＝鍋島藩)で磁器の原料となる陶石を発見して焼いたのが日本の磁器の最初。鍋島直正は幕末に藩政改革に成功，肥前藩の発言力を強め新政府では要職に就いた。

(12)　倭寇(わこう)に苦しんだ明は取り締まりを要求。義満は日本国王臣源と称して明に朝貢した。

(13)　政治や文化の中心であった義満の邸宅・北山殿を死後寺としたもの。

4 (日本と世界の歴史―近・現代の政治・経済史など)

(1) 列国が中国から引いた間隙をついて提出，山東省のドイツ権益の継承などを要求した。

(2) 武装蜂起が各地で発生，翌年孫文が臨時大総統に就任し中国初の共和国が建国された。

(3) 北清事変後もロシアは満州を占領，日本はイギリスと同盟を結んでこれに対抗した。

(4) 第2次護憲運動の下，護憲3派は憲政会の加藤高明を首班とする内閣を組織した。

(5) 満州事変後，国家の強力な援助を受けて軍需産業が急速に発展，新興の財閥も次々に誕生した。

(6) C(義和団事件＝1899年)→B(中華民国＝1912年)→A(五・四運動＝1919年)→E(日中戦争＝1937年)→D(天安門事件＝1989年)の順。

5 (公民―基本的人権，政治のしくみ，国際社会と平和，経済活動)

(1) ① 人間たるに値する生活を送る権利を，生存権という。資料は1919年にドイツで制定されたワイマール憲法の条文である。 ② 医療の現場において，患者が治療方法について自ら決定できるように，十分な説明を受けた上で同意することを，インフォームド・コンセントという。

(2) ① 日本は核兵器禁止条約を批准していないので，アは誤り。日本は日米安全保障条約を結んでおり，アメリカ軍の日本駐留を認めているので，イが正しい。日本は国際連合安全保障理事会の非常任理事国に複数回選出されており，ウは誤り。自衛隊の海外派遣は後方支援・復興支援やPKO(国連平和維持活動)，難民救援，国際緊急援助隊，海賊対処などで行われているが，ODA(政府開発援助)としての派遣は行われていないので，エは誤り。 ② 1967年に設立された，現在では東南アジア10か国が加盟する政治・経済などの協力組織を，ASEAN(東南アジア諸国連合)という。 ③ Ⅰは「医療や衛生などの活動」からWHO(世界保健機関)についての説明，Ⅱは「世界遺産」などからUNESCO(国連教育科学文化機関)についての説明，Ⅲは「子どもたちの生存と健やかな成長を守る」などからUNICEF(国連児童基金)についての説明とわかる。よって，アの組み合わせが正しい。なお，FAOは国連食糧農業機関の略称，UNCTADは国連貿易開発会議の略称である。

(3) ① 日本国憲法は第68条第1項で「内閣総理大臣は，国務大臣を任命する。但し，その過半数は，国会議員の中から選ばれなければならない。」と規定しており，国務大臣の過半数は国会議員でなければいけないが，すべて国会議員でなければならないわけではないので，ウが誤り。 ② 予算については衆議院に先議権があるので，先に衆議院で可決される必要がある。また，予算については衆議院と参議院で議決が異なった場合には，両院協議会を開いても一致しない場合は衆議院の議決が国会の議決となる。よって，エが正しい。 ③ 刑事裁判において家庭裁判所で第一審が行われたものが控訴された場合，第二審は高等裁判所となるので，ウが正しい。 ④ 法律は国会が制定するものであり，地方公共団体が制定するのは条例である。地方公共団体が知る権利を求める動きの中で制定するのは情報公開条例などであり，情報公開法は1999年に国が制定したものなので，アが誤り。

(4) ① 株式会社が発行した株式には，返済する義務はないので，アは誤り。企業が他の企業と足なみをそろえて価格を決定することは消費者の利益に反する場合が多く，独占禁止法に違反する可能性も高いことから，イは誤り。近年，環境保全や文化振興などにおいて積極的に社会貢献を行う企業が増えてきているので，ウが正しい。近年，年功序列賃金にかわって能力主義や成果主義の賃金を導入する企業が増えてきたので，エは誤り。 ② 新しい技術や独自のノウハウをもとに革新的な事業を展開する中小企業を，ベンチャー企業という。

(5) ① 国や地方公共団体が整備する，道路や水道，公園などの公共施設を，社会資本という。 ② 2017年度の歳出総額は96.3兆円で，1980年度の歳出総額は43.4兆円なので，2017年度の歳出総額は1980年度の歳出総額と比較すると2倍以上になっている。日本の人口は1980年以降も増加していたが増加率は高くなく，2015年の国勢調査では2010年に比べて人口減となっていることから，アは誤り。社会保障関係費の割合や金額が増加している原因としては，インフルエンザ対策など公衆衛生分野での支出が増えたのではなく，高齢化の進行による医療費の増加などが原因なので，イは誤り。1990年度より2000年度のほうが公共事業関係費の割合も金額も増加しており，ウは誤り。2017年度の国債費の金額は96.3兆円×24.1％≒23.2兆円で，1980年度の国債費の金額が43.4兆円×12.7％≒5.5兆円となっている。よって，2017年度の国債費の金額は，1980年度の金額の約4倍になっているといえ，国債の発行が続き国債残高が増加していることが主な原因といえるので，エが正しい。

(6) ① 円高になると日本で外国製品が安く買える傾向がみられ，日本から外国への旅行が増える傾向がみられ，日本の工場の海外移転が増える傾向がみられることから，イとウが適当でエは適当でない。円安になると日本の輸出が活発になる傾向がみられることから，アは適当。 ② 消費者がクレジットカードで商品を購入する場所はお店であることから，(c)には加盟店があてはまる。加盟店へはクレジットカード会社が代金立てかえ払いを行うので，(a)にはクレジットカード会社があてはまる。クレジットカード会社はクレジットカードカードを使用した消費者の銀行の口座から代金と手数料を引き落とすので，(b)には銀行があてはまる。よって，イの組み合わせが正しい。 ③ 公害対策基本法は1967年に制定されたが，1993年に環境基本法に統合・廃止されてり，アは誤り。資源消費や環境負担の少ない社会の構築をめざすための基本方針を定めた法律は環境アセスメント法ではなく循環型社会形成推進基本法なので，イは誤り。資源の循環を具体的にすすめるために，家電リサイクル法や自動車リサイクル法などが制定されているので，ウが正しい。開発がもたらす環境への影響を調査し，予測することを義務づけた法律は循環型社会形成推進基本法ではなく環境アセスメント法なので，エは誤り。

65 第10回 解答・解説

解　答

1 (1) 奴　(2) 唐招提寺　(3) ア　(4) 奉公　(5) エ
(6) (例)小さな島が多く，江戸幕府のキリスト教徒への厳しい監視が行き届かなかったため。　(7) イ(→)ウ(→)ア(→)エ
(8) [語句] 征韓論　[記号] イ　(9) ウ　(10) ア　(11) ウ
(12) アメリカ(合衆国)　(13) ウ

2 (1) (例)ボーキサイトからアルミニウムを製造するためには大量の電力が必要である。日本では1970年代の2度にわたる石油危機以降，電気代が急激に上昇し，日本でボーキサイトからアルミニウムを製造すると採算が合わなくなったから。
(2) オーストラリア　(3) OPEC　(4) ④　(5) ①・③
(6) ②・③　(7) ④　(8) 9(月)8(日)午後3(時)　(9) ③

3 (1) イ　(2) ア　(3) イ　(4) ウ　(5) 常設国際司法裁判所
(6) (例)制裁手段が非軍事的な措置のみであったから。　(7) ウ　(8) イ
(9) エ　(10) イ　(11) ア
(12) ① [FTA] (例)関税の撤廃など自由貿易を促進する協定
[EPA] (例)貿易だけでなく人の移動や知的財産などより幅広い関係に対する協定
② 環太平洋経済連携協定

配点
1(6) 6点　(7) 3点(完答)　他 各2点×12
2(1) 10点　(5)・(6)・(8) 各3点×3(各完答)　他 各2点×5
3(6) 6点　(12)① 各5点×2　他 各2点×11　計100点

解　説

1 (日本と世界の歴史―古代～現代)

(1) 「後漢書」東夷伝には，倭の奴国王が後漢の光武帝から印綬(金印)を授けられたことが記されている。このとき授けられたものと推定されているのが，江戸時代に福岡県志賀島で発見された金印で，「漢委奴国王」と刻まれている。

(2) 7世紀初めにつくられた，唐の都長安にならってつくられた都は，平城京である。唐か

ら来日した鑑真が平城京に建てた寺は，唐招提寺である。

(3) 菅原道真が遣唐使の派遣の再考を訴え，遣唐使が停止されたのは894年である。アの坂上田村麻呂が征夷大将軍に任命されたのは797年であり，遣唐使が停止されるよりも前のできごととわかる。イは14世紀前半の後醍醐天皇による建武の新政について述べている。ウの藤原道長が摂政となったのは11世紀前半のこと。エは白河天皇が始めた院政について述べている。白河天皇が上皇となって院政を始めたのは11世紀後半のこと。

(4) 鎌倉幕府の将軍と御家人の主従は，御恩と奉公の関係で結ばれていた。将軍が御家人に対して御恩を与えた。これに対して，御家人は将軍に忠誠を誓い，戦いがおこったときには命をかけて戦いに参ずるなどの奉公を行った。

(5) 室町幕府3代将軍であった足利義満が明との間で始めた日明貿易では，日本から銅や硫黄，刀剣などが輸出され，明から銅銭や生糸などが輸入されたので，エが適当。

(6) 図1からは，キリスト教を信仰していた人々が離島などへ移住したことがわかる。江戸時代の鎖国以降，江戸幕府はキリスト教徒を取り締まるために厳しい監視を行ったが，離島などに対しては，江戸幕府の厳しい監視が行き届かなかったため，これらの地域で潜伏キリシタンが信仰を続けられたと考えられる。

(7) アの天明のききんは田沼意次が老中として幕政の実権を握っていた1782年に始まっている。イの徳川綱吉は江戸幕府5代将軍(将軍在職は1680～1709年)であり，ウの徳川吉宗は江戸幕府8代将軍(将軍在職は1716～1745年)である。エの大塩平八郎が大坂で反乱を起こしたのは1837年である。年代の古い順に並べると，イ→ウ→ア→エとなる。

(8) 明治初期に明治政府内で高まった，朝鮮に武力で開国をせまる主張を征韓論という。征韓論が退けられて政府を去り，1877年の西南戦争で中心となったのはイの西郷隆盛。

(9) 原敬は立憲政友会の総裁として，最初の本格的な政党内閣である原敬内閣を組閣したので，ウの立憲政友会が衆議院で最も多くの議席をもっていたとわかる。

(10) 日本は日清戦争に勝利し，下関条約で清から台湾・遼東半島・澎湖諸島を獲得したが，ロシア・ドイツ・フランスによる三国干渉の結果，遼東半島を清に返還している。遼東半島の位置は図2ではアとなる。

(11) Xが示す1903年から1905年の期間には日露戦争(1904年～1905年)が起こっており，軍事費の増大がわかる。日露戦争の講和条約であるポーツマス条約(1905年)では賠償金が獲得できず，ウの日比谷焼き打ち事件(1905年)が起こっている。なお，アの韓国併合は1910年，イの大逆事件は1910年，エの辛亥革命は1911年のできごとである。

(12) 第二次世界大戦後，日本がサンフランシスコ平和条約で独立を回復した後も，沖縄や小笠原諸島はアメリカ合衆国に統治された。小笠原諸島は1968年に，沖縄は1972年に日本に復帰している。

(13) 日韓基本条約は1965年に結ばれた。アのサンフランシスコ平和条約は1951年に結ばれ

第1回 第2回 第3回 第4回 第5回 第6回 第7回 第8回 第9回 第10回 解答用紙

た。イの第一次石油危機は1973年に起こる。ウのアジアで初めてのオリンピックとして東京オリンピックが開催されたのは1964年。エの農地改革は第二次世界大戦後に実施された。よって，下線部⑬のころの日本について述べた文として正しいのはウとなる。

2　(地理―テニスを題材にした日本・世界の地理)

(1)　アルミニウム精錬は，原料であるボーキサイトから得たアルミナ(酸化アルミニウム)を電気分解してアルミニウム地金を生産する産業。アルミナからアルミニウム地金を生産する工程で，大量の電気を必要とする。日本のアルミニウム精錬は戦後順調な成長をとげたが，1970年代に起こった2度の石油危機によって電気料金が高騰，国際競争力を失った。

(2)　オーストラリアは羊の飼育頭数，羊毛の生産量では中国に次いで世界第2位。しかし，羊毛の国内需要が小さいため輸出余力は中国より大きく，羊毛の輸出量では世界一である。

(3)　OPECは石油輸出国機構の略称。産油国が国際石油資本(メジャー)に対抗して，石油の生産および価格を調整することを目的に，1960年，イラク，クウェート，サウジアラビア，イラン，ベネズエラによって結成された。2020年11月現在，13か国が加盟している。

(4)　2016年現在，天然ゴムの最大の生産国はタイで，世界生産の34％を占め，これにインドネシア(24.0％)，ベトナム(7.9％)が次いでいる。なお，①は茶，②はさとうきび，③は綿花，⑤はコーヒー豆である。

(5)　①―2020年2月現在，フランスはユーロを導入している。　③―EU最大の工業国はドイツである。

(6)　②のエチオピアは，ヨーロッパ諸国の植民地支配を受けず，独立を保つことができた。③のコンゴ民主共和国は，イギリスではなくベルギーの植民地支配を受けた。なお，①はエジプト，④はナイジェリア，⑤は南アフリカ共和国である。

(7)　ニューヨークは，温暖湿潤気候(Cfa)に属し，温帯の中では比較的気温の年較差が大きい。また，年中比較的降水に恵まれる。なお，①はロンドン，②がパリ，③がメルボルンで，いずれも気温の年較差が小さく，年中平均的に適度な降水が見られる西岸海洋性気候(Cfb)に属している。

(8)　日本の標準時子午線は兵庫県明石市を通過する東経135度。ニューヨークは西経75度付近に位置するので，両者の経度差は210度(135＋75)。経度差15度で1時間の時差が発生するため，両者の時差は14時間(210÷15＝14)。日本の方がニューヨークより時刻が進んでいるので，日本時間の9月9日午前5時から時計の針を14時間戻して，9月8日午後3時となる。

(9)　名古屋港，横浜港は日本を代表する自動車の輸出基地。よって，自動車関連の輸出品が上位を占めている①，③が名古屋港，横浜港のいずれかであるが，名古屋港と横浜港では，名古屋港の方が輸出額が大きいので，①が名古屋港，③が横浜港である。なお，②は成田国際空港，④は東京港，⑤は神戸港である。

3 （公民―時事問題・国際経済・国際政治など）

(1) 「高度プロフェッショナル制度(高プロ)」は，高い専門知識を有し高年収である者を対象に，労働時間の規制をなくした脱時間給制度で，『働き方改革』のひとつとして，2019年4月から施行された。安倍首相が果たしたのは連続3選。2018年現在，自由民主党総裁の任期は連続3選までとする規定がある。

(2) オランダの法学者グロチウス(1583～1645年)は，戦争に訴える国家を厳しく批判し，理性に基づく法による解決を主張した。

(3) 主権の及ぶ範囲は領土，領海，領空である。排他的経済水域(EEZ)は，漁業や鉱産資源の管理権などにとどまる。

(4) モンローが主張したのは，アメリカ大陸とヨーロッパ大陸間での「相互不干渉」の原則。14条の平和原則を提唱したのはウィルソンである。

(5) 実際には，当事国に対する拘束力はほとんどなかった。第2次世界大戦後，国際連合の機関として国際司法裁判所に引き継がれている。

(6) 決議が全会一致を原則としたこと，大国・アメリカが不参加であったことなど，様々な点が指摘されている。

(7) 大西洋憲章は1941年に発せられたアメリカのローズベルト(ルーズベルト)とイギリスのチャーチルによる共同宣言。後の国際連合憲章の基礎となった。

(8) 国際人権規約は1966年採択，1976年に発効した。日本は1979年に批准したが，一部で留保し，批准していない部分がある。

(9) 非常任理事国は10か国。任期は2年で，総会で選出される。決定には5常任理事国を含め9理事国の賛成が必要となる。

(10) 地球サミットは1992年，国連人間環境会議20周年を記念してリオデジャネイロで開催された20世紀最大規模の国際会議。京都会議は1997年，二酸化炭素の削減。南極条約は1959年に採択された，南極地域を利用する際の原則等を示した条約。ラムサール条約は水鳥保護のための湿地に関する条約で，1972年の採択。

(11) 1975年，石油危機の混乱からの脱出を討議するために開催。翌年にはカナダが参加してG7となった。G20は，G7に加え韓国，メキシコやBRICS諸国などが参加。2019年には初めて日本(大阪)で開催された。

(12) ① それぞれ自由貿易協定(Free Trade Agreement)，経済連携協定(Economic Partnership Agreement)の略。 ② 環太平洋パートナー(シップ)協定とも。12か国中，2017年にトランプ大統領が離脱を表明，2018年には日本を含め残り11か国がTPP11として署名した。その後2021年にイギリスが参加を申請するなどの動きがある。

第1回　解答用紙

1

(1)		(2)		(3)		(4)		
(5)	①		②		③			

2

(1)		(2)		(3)		(4)	
(5)		(6)					

3

(1)		(2)		(3)		(4)	
(5)		(6)					

4

(1)		(2)		(3)		(4)	
(5)		(6)					

5

(1)		(2)		(3)		(4)	
(5)		(6)		(7)		(8)	
(9)		(10)		(11)		(12)	

1 /18	2 /18	3 /18	4 /15	5 /31	/100

65 第2回 解答用紙

1

(1)		(2)		(3)	Ⅰ		Ⅱ	
(4)	①		②		③		

2

(1)		(2)		(3)		(4)		(5)		(6)	

3

(1)		(2)		(3)		(4)	

4

(1)		(2)		(3)		(4)		(5)		(6)	
(7)		(8)		(9)		(10)		(11)			

5

(1)		(2)		(3)		(4)		(5)		(6)	
(7)		(8)									

6

(1)		(2)		(3)		(4)		(5)		(6)	
(7)											

1	2	3	4	5	6	
/17	/15	/8	/26	/20	/14	/100

65 第3回 解答用紙

1

(1)		(2)		(3)		(4)		(5)		(6)	
(7)		(8)		(9)		(10)					

2

(1)		(2)	気候		記号		(3)	
(4)		(5)		(6)				

3

(1)		(2)		(3)		(4)		(5)		(6)	
(7)		(8)		(9)		(10)		(11)			

4

(1)	a		b		(2)	I		II	
(3)	a		記号		(4)	I		II	

1	2	3	4	
/20	/23	/33	/24	/100

65 第4回 解答用紙

1

(1)	A		B		C		(2)	
(3)	図2		図3				
(4)							
(5)	①		②		③		④	
(6)	語句				記号		(7)	

2

(1)		(2)		(3)		(4)		(5)	
(6)		(7)		(8)		(9)		(10)	
(11)		(12)		(13)					
(14)		(15)							

3

(1)	①		②		(2)	①		②	
(3)	①		②		(4)	①		②	
(5)	①		②		(6)	①		②	
(7)	①		②		(8)	①		②	

1	2	3	
/34	/34	/32	/100

65 第5回 解答用紙

1

(1)		(2)		(3)		(4)		(5)		(6)	
(7)		(8)									

2

(1)		(2)		(3)		(4)		(5)	

3

(1)	名称		記号		(2)	a		記号
(3)	目的	ばらばらになっていた枡を統一した。						
	記号		(4)	a		記号		
(5)	①		(6)	条約名		記号		
(7)	①		(8)	a		記号		

4

(1)		(2)								
(3)	①		②		③		④		⑤	

5

(1)		(2)		(3)		(4)		(5)	
(6)									

6

(1)		(2)	

1	2	3	4	5	6	
/16	/15	/36	/14	/13	/6	/100

解答用紙

1

(1)		(2)		(3)		(4)		(5)		(6)	
(7)		(8)									

2

(1)		(2)		(3)		(4)		(5)		(6)	
(7)											

3

(1)	①		②								
(2)	①		②								
(3)	①		②		③		④		⑤		
(4)	①		②		③						
(5)	①		②								
(6)	①		②		③						

4

(1)	A		B		(2)		(3)	
(4)	X		Y		(5)		(6)	歳以上
(7)								
(8)	マップ	(9)						

1	2	3	4	
/17	/14	/39	/30	/100

解答用紙

1

(1)	2月　日　時	(2)	A		C		(3)
(4)		(5)	E		F		(6)
(7)	B		D				

2

(1)	C		D				
(2)	1		2		(3)		

3

(1)		(2)		(3)		(4)		(5)		(6)	
(7)		(8)		(9)							

4

(1)		(2)		(3)		(4)	

5

(1)		(2)		(3)		(4)		(5)		(6)	
(7)		(8)		(9)		(10)		(11)		(12)	
(13)											

5

(1)	西暦	年					
	仮説						
(2)		(3)		(4)		(5)	

1 /22	2 /10	3 /18	4 /8	5 /26	6 /16	/100

65 第8回 解答用紙

1

(1)		(2)		(3)		(4)		(5)		(6)	
(7)		(8)									

2

(1)	①		③		(2)					
(3)		(4)		(5)	D		E		F	
(6)										

3

(1)	1		2		(2)		(3)	
(4)								
(5)		(6)						

4

(1)		(2)		(3)		(4)		(5)		(6)	
(7)											

5

(1)		(2)		(3)		(4)		(5)		(6)	

6

(1)		(2)		(3)		(4)		(5)	
(6)		(7)		(8)		(9)		(10)	

1	2	3	4	5	6	
/16	/20	/18	/14	/12	/20	/100

65 第9回 解答用紙

1

(1)		(2)		(3)	A		B		
(4)	i)		ii)		(5)				

2

(1)		(2)		(3)	野菜		畜産				
(4)	千葉県		鹿児島県		(5)	青森県		兵庫県			

3

(1)	A		B		C		(2)		(3)	
(4)		(5)		(6)		(7)				
(8)		(9)		(10)		(11)				
(12)		(13)								

4

(1)		(2)		(3)	
(4)		(5)		(6)	

5

(1)	①		②							
(2)	①		②		③					
(3)	①		②		③		④			
(4)	①		②		(5)	①		②		
(6)	①		②		③					

1	2	3	4	5	
/14	/16	/26	/12	/32	/100

 解答用紙

1

(1)		(2)		(3)		(4)		(5)	
(6)									
(7)	→ → →			(8)	語句		記号		
(9)		(10)		(11)		(12)		(13)	

2

(1)					
(2)		(3)		(4)	
(5)		(6)		(7)	
(8)	月 日 時	(9)			

3

(1)		(2)		(3)		(4)		(5)	
(6)									
(7)		(8)		(9)		(10)		(11)	
(12)	① FTA								
	EPA								
	②								

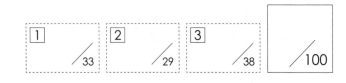

1 /33　2 /29　3 /38　/100

MEMO

大切なことはメモしておこうネ！

MEMO

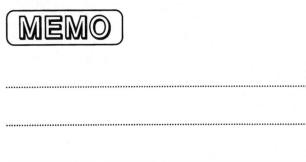

大切なことはメモしておこうネ!

MEMO

大切なことはメモしておこうネ！

MEMO

大切なことはメモしておこうネ！

MEMO

大切なことはメモしておこうネ！

MEMO

大切なことはメモしておこうネ！

高校入試実戦シリーズ
実力判定テスト10 社会　偏差値65

2021年 8月 5日　初版発行
2022年 1月21日　2刷発行

発行者　佐藤　孝彦
発行所　東京学参株式会社
〒153-0043　東京都目黒区東山2−6−4
URL　http://www.gakusan.co.jp/
編集部　TEL　03 (3794) 3002
FAX　03 (3794) 3062
E-mail　hensyu2@gakusan.co.jp
※本書の編集責任はすべて弊社にあります。内容に関するお問い合わせ等は、編集部まで、なるべくメールにてお願い致します。
営業部　TEL　03 (3794) 3154
FAX　03 (3794) 3164
E-mail　shoten@gakusan.co.jp
※ご注文・出版予定のお問い合わせ等は営業部までお願い致します。
印刷所　株式会社ウイル・コーポレーション

ISBN 978-4-8141-2072-7